영어가 도대체 왜?

최종근
고등기술연구원 선임연구원
미국 MIT 기계과 박사후 연구원
한국공학대학교 교수

논단: 『과학의 허와 실(과학사상)』
저서: 전공관련 『해석 재료역학』, 『CAE 엔지니어를 위한 구조해석 유한요소법』,
언어관련 『보카팟: 뇌 속에 팍 꽂히는 소리단어』, 『듣고 따라하는 보카팟 ABC 단어장』

영어가 도대체 왜?

초판 인쇄 2022년 11월 15일
초판 발행 2022년 11월 20일

지은이 최종근
펴낸이 조승식
펴낸곳 도서출판 북스힐
등록 1998년 7월 28일 제22-457호
주소 서울시 강북구 한천로 153길 17
전화 02-994-0071
팩스 02-994-0073
블로그 blog.naver.com/booksgogo
이메일 bookshill@bookshill.com

값 15,000원
ISBN 979-11-5971-464-1

영어가 도대체 왜?

최종근 지음

영어 소리
활성화·동기화를 통한
언어 습득

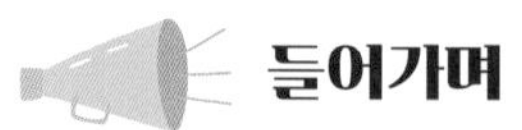

들어가며

'단순함으로 모든 복잡함을 지배한다.' 연구실 책상 앞 벽에 붙여 놓은 좌우명입니다. 나는 매일 공부하고 연구합니다. 연구와 공부는 복잡한 생각을 단순화시켜가는 일련의 과정입니다. 공부가 깊어져 가면 사고의 단순화도 깊어져 갑니다.

나는 응용물리학이라 알려진 기계공학을 전공하였습니다. 대학에서 정역학, 동역학, 재료역학, 유한요소법, 기계설계를 강의하고 있습니다. 그럼에도 지금부터 10년 전에는 『보카팟: 뇌 속에 팍 꽂히는 소리단어』라는 책을 썼고, 오늘은 『영어가 도대체 왜』라는 책을 출간하며 그 머리말을 쓰고 있습니다. 두 책 모두 언어에 관련된 것입니다. 기계공학 교수가 언어에 대한 책을? 왜?

『보카팟』에서는 '언어의 본질'을 말하고자 하였고, 언어 습득에 대한 자세한 지도는 없었습니다. 오늘의 『영어가 도대체 왜』에서는 언어 습득 과정의 상세한 지도를 그려 놓으려 합니다.

언어는 인간의 사고를 담는 그릇입니다. 그것은 매우 복잡하게 보입니다. 그러나 '단순함으로 모든 복잡함을 지배한다'는 말처럼 언어 습득의 본질은 이렇게 단순화됩니다.

언어는 말에서 시작되고, 말은 소리이고, 말소리에는 이미지가 있고, 말소리는 뇌와 입의 운동으로 나오고, 말소리는 다른 사람의 말소리를 따라 소리 내는 흉내 내기를 통하여 뇌와 입에 기억됩니다.

따라서 영어뿐만 아니라 어떤 언어를 습득할 수 있느냐 못하느냐의 정답은 완전히 단순합니다. 그 언어를 구사하는 사람의 말소리를 따라 소리 낼 수 있느냐 없느냐에 달려 있습니다.

따라 소리 내지 못하면 알아들을 수 없고, 말할 수도 없습니다. 따라 소리 낼 수 있으면 그때부터 알아들을 수 있거나 말할 수 있는 상태가 준비됩니다. 그러므로 영어 습득은 곧 영어 말소리를 따라 흉내 내는 훈련을 어떻게 할 것인가에 달려 있습니다. 다른 언어도 마찬가지입니다.

말소리를 따라 하고 기억하는 능력은 사람마다 조금씩 다를 수 있습니다. 말소리를 기억하는 능력과, 그림이나 글자를 기억하는 능력과, 개념을 기억하는 능력은 타고난 재능에 따라 사람마다 다를 수 있습니다. 세 가지 모두에 재능이 있으면 가장 좋겠지만 말소리를 특히 잘 기억하고, 잘 따라 하는 사람이 어학에 재능이 있는 사람입니다. 하지만 모국어를 구사하는 사람은 누구나 외국어를 습득할 수 있는 능력이 있습니다. 노력과 시간차가 조금 다를 뿐입니다.

이 책은 이 단순화된 영어 습득의 본질에 대하여 '왜?'를 설명하고, 어떻게 공부하면 주어진 기간에 반드시 영어를 듣고 말할 수 있는지 설명하고 있습니다. 영어뿐만 아니라 다른 모든 언어가 '말 따라 하기'라는 단순화된 언어 습득의 본질적 과정은 동일하겠지만….

한국공학대학교 공학관 A313 연구실에서

2022. 8. 31 무상 최종근

차례

영어!
그 소리의 문제와 원인

영어 소리의
문제 해결 방법

사소하지만 중요한 질문들 10가지

영어!
그 소리의 문제와 원인

❶ 영화 드라마, 강의 강연에는 몇 개의 단어가 사용될까?

❷ 영화 드라마에 나오는 전체 단어, 단어뭉치,
짧은 문장의 소리에서 몇 %를 알고 있어야
영화 드라마를 이해하며 볼 수 있을까?

❸ 영어 정복은 높은 산을 오르는 것과 같다.

❹ 우리들의 영어 공부 환경은 어디에 속하나?

❺ 한국어와 다른 영어의 특징들은?

❻ 미국 드라마 '프렌즈'가 안 들리는 이유?

❼ '단어를 기억한다. 단어뭉치를 기억한다.
짧은 문장을 기억한다'는 기억에 대한 오해?

❽ 짧은 문장이 왜 제일 중요한가?

1

영화 드라마, 강의 강연에는 몇 개의 단어가 사용될까?

영화 드라마와 강의 강연은 장르가 다른 두 개의 분야입니다. 영화와 드라마는 말을 주고받는 일상의 대화가 주를 이루고, 강의와 강연은 어떤 것을 설명하는 내용을 주로 하고 있습니다.

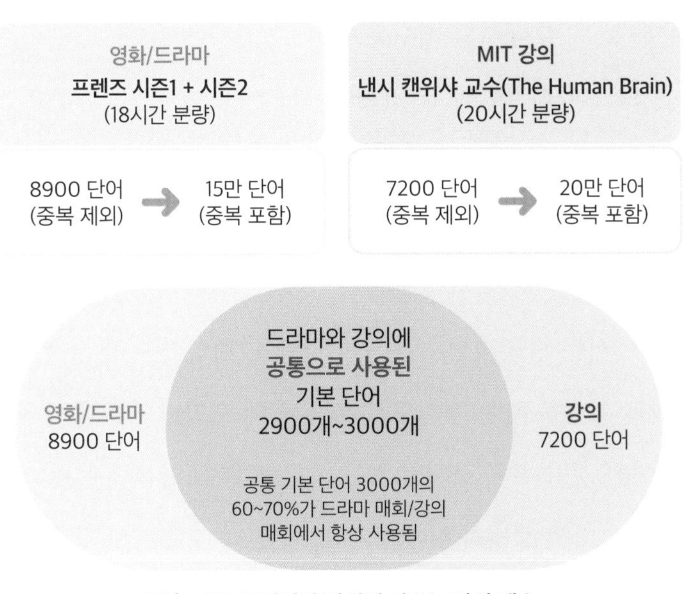

그림 1 드라마와 강의에 나오는 단어 개수

그러므로 영화와 드라마는 짧은 말소리로 대부분 이루어집니다. 10개 미만의 단어로 된 말이 대부분입니다. 강의나 강연은 어떤 것을 새롭게 설명하는 것이므로 긴 말로 말을 만들어가며 설명해야 합니다. 10개 이상의 단어로 된 문장이 대부분입니다.

이것을 확인하기 위하여 드라마와 강의를 분석하여 보았습니다. 드라마로는 유명한 미국 드라마 '프렌즈'를 조사하였고, 강의로는 대학 강의를 조사하였습니다. 'MIT 인지과학 분야 낸시 캔위샤 교수의 '인간의 뇌'에 대한 한 학기 동안의 대학강의를 조사하여 분석하였습니다. 참조 1

드라마에서는 평균적으로 문장 하나에 5~7개의 단어가 사용되었습니다. 드라마는 일상의 대화이므로 문장이 5~7개 정도의 단어로 된 짧은 말인 것을 보여주는 것입니다. 그리고 22분 방영의 각 에피소드에서 사용된 짧은 말 대사의 개수는 600개 정도가 됩니다. '프렌즈'는 대사가 많은 드라마입니다. 보통 영화에서는 2~3시간 상영 기준으로 하면 800~1000개 정도의 짧은 문장 대사가 나오고 단어는 3000개 정도 나옵니다. 드라마 프렌즈 22분은 2시간 분량 영화에 맞먹는 대사가 나오는 꼴입니다.

강의에서는 평균적으로 문장 하나에 12개의 단어가 사용되었습니다. 강의는 설명을 하는 것이므로 한 문장이 드라마의 짧은 말보다 2배 이상 길어진 것입니다. 정해져 있는 짧은 표현을 사용하는 것이 아니라 말을 만들어 가며 설명하는 것이지요. 이 분석 자료는 그것을 보여주고 있습니다.

이 분석 자료에서 우리가 알아야 할 중요한 또 하나의 사실이 있습니다. 그것은 드라마의 한 시즌은 대부분 1년 방영을 기준으로 하는데, '프렌즈'라는 드라마의 한 시즌 1년 동안에 사용된 단어의 수가 중복단어를 제외하면 평균 5000개라는 것입니다. 또한 드라마와 강의 강연에 공통으로 사용되고 있는 중복제외 단어의 수가 3000여 개라는 것입니다. 그리고 이 3000여 개 단어가 프렌즈 10년 동안 방영된 시즌 전체 드라마의 각 에피소드에서 70% 빈도로 반복적으로 사용되었으며, 30%의 단어들이 여기에 추가되어 사용되었다는 것입니다.

결론적으로 기본 단어 3000개를 알고 있고, 그것으로 만들어지는 짧은 문장의 소리를 1000개 이상 활성화시켜 외우고 있으면 드라마를 70% 이상 이해하면서 재미있게 볼 수 있다는 것이고, 5000개의 단어를

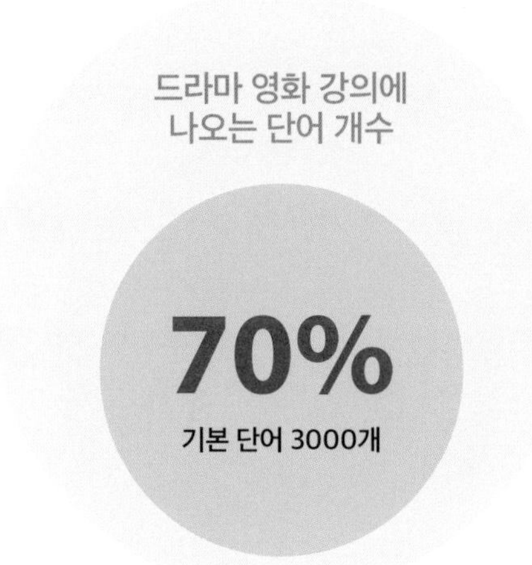

그림 2 드라마 영화 강의에 나오는 단어의 70%는 기본 단어 3000개

소리로 활성화시켜 알고 있으면 프렌즈 같은 영어 드라마를 충분히 이해하면서 재미있게 시청할 수 있다는 얘기가 됩니다. 우리들이 고등학교를 마치면 5000개 이상의 단어를 알게 됨에도 '프렌즈'와 같은 영어 드라마를 시청하면서 재미있게 보지 못하고 잘 알아듣지 못하는 이유가 여기에 있습니다. 알고 있는 단어들이 소리로 활성화되지 않고 글자로만 기억되어 있기 때문이라고 할 수 있습니다. 또한 짧은 문장의 소리를 소리로 활성화시키지 않았기 때문이라고 할 수 있습니다.

이 조사의 결과는 그림 3과 같은 잘못된 영어 공부 방법과 함께 다음 두 가지의 중요한 사실을 우리에게 알려주고 있습니다.

첫째, 3000여 개의 기본 단어와 단어뭉치와 짧은 문장이 **영어의 소**

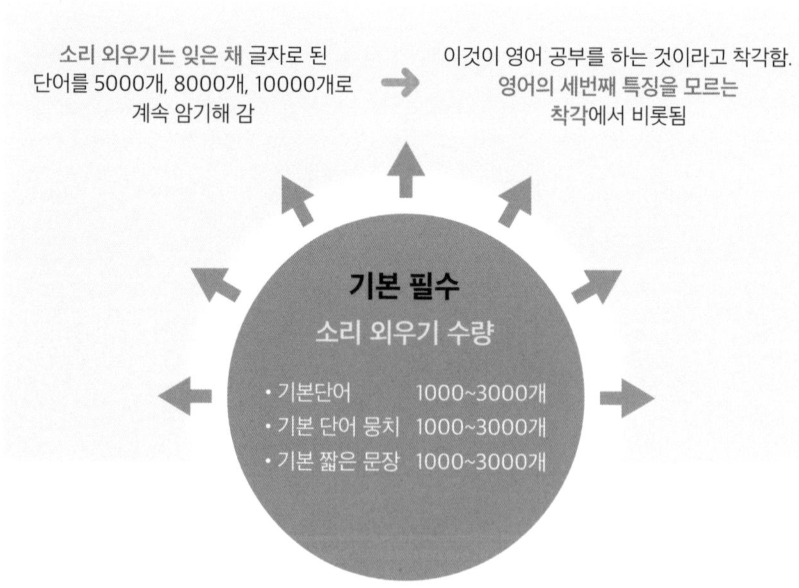

그림 3 잘못된 단어 공부 방법(단어만 계속 많이 공부하는 것은 잘못된 경로)

리로 활성화가 된 상태라면 모든 영어 커뮤니케이션의 70%를 이해하며 의사소통을 할 수 있다는 것입니다.

둘째, 글자로 된 단어를 계속해서 많이 공부하는 것보다 소리를 바탕으로 하는 기본 단어, 기본 단어뭉치, 기본 짧은 문장의 소리를 먼저 활성화시켜 외우는 것이 영어 공부에 우선적으로 중요하다는 것입니다. 5000개, 8000개, 10000개의 글자로 된 단어를 계속 공부하는 것보다 3000개 정도의 기본 단어, 단어뭉치, 짧은 문장의 소리를 외워 소리를 활성화시키는 것이 우선적으로 중요하다는 것이지요. 앞의 그림 3은 이를 표현한 것입니다.

2

영화 드라마에 나오는 전체 단어, 단어뭉치, 짧은 문장의 소리에서 몇 %를 알고 있어야 영화 드라마를 이해하며 볼 수 있을까?

말과 글은 그림입니다. 단어가 그림 조각이고, 단어뭉치도 그림 조각이고, 짧은 문장도 하나의 그림 조각이기 때문입니다. 단어, 단어뭉치로 된 짧은 문장과 긴 문장들은 그림 조각들로 된 파노라마 같이 이어지는 그림을 보여주는 것입니다. 글로 그림을 그리는 것이고, 말소리로 그림을 그리는 것입니다. 우리가 말을 알아듣는다는 것은 말소리를 들으며 우리 머리 속에 그림을 그려 가면서 그 말소리를 이해하는 것입니다. 이때 그 말소리에 해당하는 그림 조각이 우리 머리 속에 저장되어 있을 때만 그것을 꺼내어 그림을 맞춰가면서 이해하는 것이지요. 그 말소리에 해당하는 그림 조각이 우리 머리 속에 저장되어 있지 않으면 그 말소리에 해당하는 그림 조각은 빈 공간으로 남게 됩니다. 그런 말의 빈 그림 조각이 많아지면 많아질수록 그만큼 말을 못 알아듣게 되는 것입니다. 그림 조각이 채워지면 채워질수록 그만큼 전체 말을 더 많이 알아듣게 되는 것입니다.

다음의 그림 퍼즐은 조각 전체 수의 40%, 60%, 80%, 90%, 100%

개수로 맞춰 놓은 그림입니다. 전체 조각 수의 몇 %가 보일 때 전체 그림을 이해하는지 알아보는 퀴즈입니다.

상대방이 하는 전체 말에서 몇 %의 단어, 단어뭉치, 짧은 문장 소리를 알아들을 때 상대방의 말을 이해하는지를 이 그림 퀴즈로 가늠해 볼 수 있습니다. 영화, 드라마, 강의, 뉴스도 마찬가지입니다.

또한 상대방의 말에서 핵심되는 단어나 단어뭉치를 알고 들을 때와 핵심되는 단어나 단어뭉치를 빠뜨리고 주변의 단어나 단어뭉치만 알고 들을 때의 차이점을 그림 퀴즈로 가늠해 볼 수 있습니다.

첫 번째 경우는 그림 조각을 핵심이 아닌 주변 조각부터 채워가는 경우이고, 두 번째 경우는 핵심 내용부터 채워가는 경우입니다.

퍼즐 1(첫 번째)과 퍼즐 2(두 번째) 참조 2를 보시면서 몇 %에서 전체 그림 내용이 파악되는지 볼까요?

첫 번째: 주변 그림 조각부터 채워질 때

첫 번째 경우(핵심이 빠진 주변부터 그림이 채워질 때)에서는 80% 미만에서는 전체 그림의 내용을 이해하기 어렵다는 것을 알 수 있습니다. 80%를 넘게 되면 핵심 그림 조각이 나오면서 전체 그림의 윤곽을 파악할 수 있는 상태가 됩니다.

즉, 핵심 그림 조각이 비게 되면 전체 내용을 파악하기가 쉽지 않다는 것을 알 수 있습니다. 이것은 말소리에서 핵심이 되는 단어나 단어뭉치를 빠뜨리면 전체 말의 내용을 파악하기 어렵다는 것을 의미합니다.

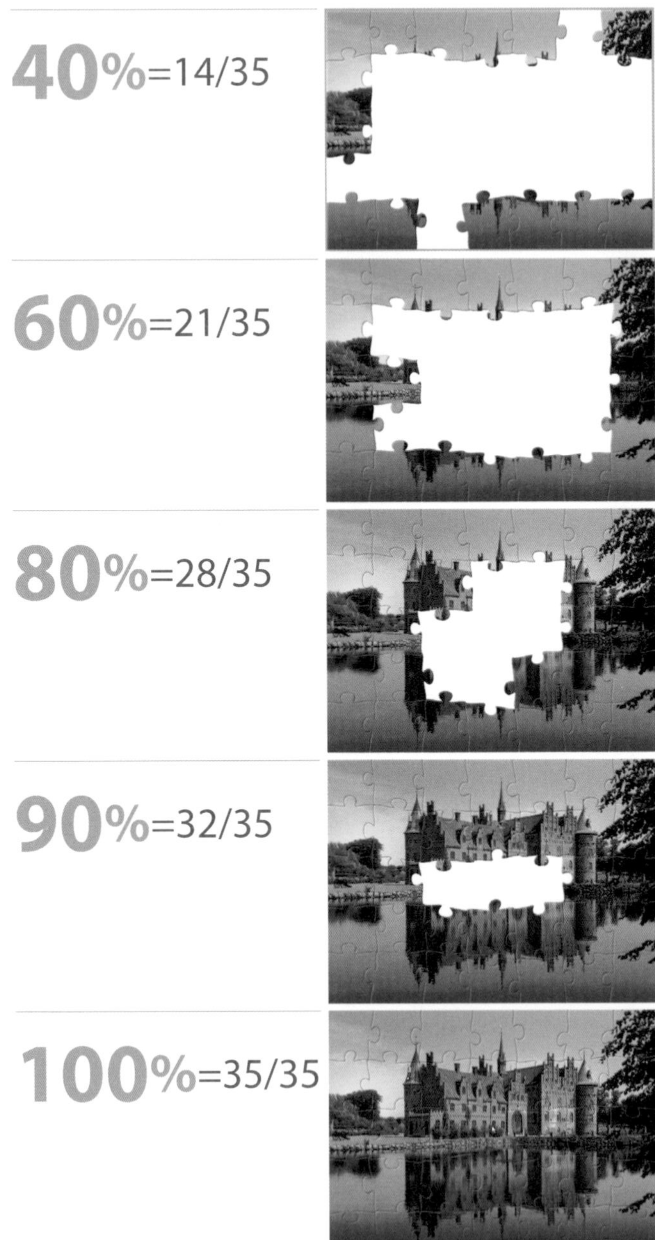

퍼즐 1 주변 그림 조각부터 채워질 때

두 번째: 핵심 그림 조각부터 채워질 때

핵심 되는 그림 조각들부터 주어지는 두 번째 경우에는 40% 정도의 그림 조각으로도 전체적인 그림을 이해할 수 있습니다. 영어의 말소리도 핵심 되는 단어, 단어뭉치, 짧은 문장의 소리를 알아들으면 40% 정도를 알아들어도 흘러나오는 전체 말의 맥락을 알아들으며 갈 수 있다는 것을 보여주는 것입니다. 해외 여행 경험이 있는 사람들은 영어로 의사소통을 할 때 핵심 단어만 주고받으며 몸짓을 보태어 의사소통을 한 경험이 있을 것입니다. 그러다 좀 더 자세한 내용의 의사소통이 필요하게 되면 핵심 단어나 단어뭉치만으로는 부족하다는 것을 느껴본 경험이 있을 것입니다.

실제로 아이들이 알고 있는 단어의 수는 어른들이 알고 있는 단어의 30~40% 정도밖에 되지 않습니다. 중학교, 고등학교, 대학교 교육을 받으면서 나머지 60~70%의 단어를 채워가게 됩니다. 그럼에도 불구하고 아이들이 어른들의 커뮤니케이션이라 할 수 있는 뉴스를 보면서도 중요한 맥락을 알아듣는 것은 소리가 완전히 활성화되어 있기 때문입니다.

소리가 완전히 활성화된 모국어 사용 아이들은 30~40%의 핵심 단어로 말의 맥락을 따라가며 알아듣기 때문에 말을 들으며 또 말을 배워가는 것입니다. 말을 들으며 말을 배워간다는 이 말이 매우 중요합니다. 이 책의 핵심 용어인 '소리 활성화'가 영어 학습에 가장 중요한 목표가 되는데, 소리 활성화가 일정 수준을 넘으면 말을 들으며 말을 배워갈

40%=14/35

60%=21/35

80%=28/35

90%=32/35

100%=35/35

퍼즐 2 **핵심 그림 조각부터 채워질 때**

수 있는 상태 변화가 일어나고, 거꾸로 말을 들으며 말을 배워갈 수 있는 상태가 되었다는 것은 소리 활성화가 일정 수준을 넘었다는 말이 됩니다.

60%를 넘게 되면 중심 내용은 파악되고 80%가 되면 이미 전체 그림을 모두 이해하게 되고 아주 세밀한 부분에 대한 것들이 남게 됩니다. 좀 더 세밀한 의사소통이 필요한 경우에 해당됩니다.

사람들마다 추론 능력과 경험에 따라 조금씩 차이는 있을 수 있으나 거의 대부분의 사람들은 이 범주 안에서 크게 벗어나진 않습니다. 독자 여러분께서 직접 해보시고 몇 %의 그림 조각이 모여야 전체 그림을 이해할 수 있는지를 꼭 확인해 보시기 바랍니다.

그 몇 %가 여러분이 반드시 소리로 활성화시켜야 하는 영어 단어, 단어뭉치, 짧은 문장 소리의 개수가 되고 목표 지점이 되기 때문입니다.

앞의 단어 수 분석 결과와 그림 조각 퀴즈를 통하여 우리가 알 수 있는 것은 기본 단어 1000~3000개, 단어뭉치 1000~3000개, 짧은 문장 1000~3000개를 소리로 활성화시킨 상태가 되면 영화, 드라마, 강의, 뉴스 등에서 나오는 소리의 60%를 이해하면서 시청할 수 있다는 것입니다.

영어 정복의 길은 '어떻게 3000개 정도의 기본 단어, 단어뭉치, 짧은 문장을 소리로 기억시켜서 활용할 것인가?'입니다. 그 길을 위하여 우리들이 지금까지 영어라는 언어에서 무엇을 모르고 무엇을 간과하고 있었는지 알아야 하고, 왜 지금까지 공부해 온 방법으로는 안 되었는지 알아야 합니다. 우리들에게 잘못 각인된 오류섞인 잘못된 정보를 올바른 정보로 교체하는 것입니다. 그래야 잘못된 길을 벗어나 올바른 길로 목적지에 도착할 수 있기 때문입니다.

3

영어 정복은 높은 산을 오르는 것과 같다.

높은 산을 오를 때에는 어떤 경로를 택하여 가느냐에 따라 투입된 시간, 노력의 정도, 노력의 양이 달라집니다. 그리고 그 결과도 달라집니다.

A로 가는 길보다 B로 가는 길이, B로 가는 길보다는 C로 가는 길이 더 많은 시간과 노력의 양이 투입되었다는 것을 그림은 나타내고 있습니다. D로 가는 길을 선택하였을 때는 아예 정상에 도달하지 못하고 엉뚱한 곳으로 빠져버리는 것을 알 수 있습니다.

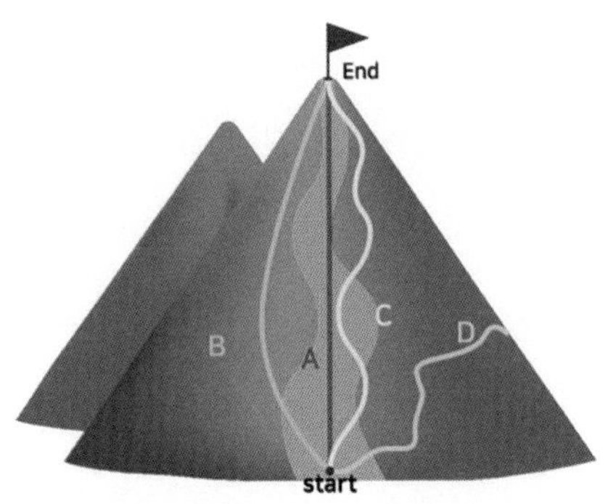

그림 4 **영어 정복의 길**

우리들이 초등학교시절부터 대학, 아니 일반인이 되어서까지 영어 공부에 투입한 시간과 돈과 땀과 열정을 모두 모으면 정상에 도착하고도 남을 만큼의 총에너지 양일 것입니다. 영어 공부가 선택한 길과 관계없이 열심히 노력만 하면 정상에 갈 수 있는 것이라면 우리 모두 정상에 도착하여 자유롭게 영어를 말하고 듣고 읽고 쓰고 있었을 것입니다. 초중고대학을 졸업한 사람이 영어를 지금도 공부하고 있다면 그 원인은 잘못된 길을 택한 때문입니다.

혼자서 영어를 공부하느냐? 학원을 다니느냐? 학원비가 얼마인 학원을 다니느냐? 원어민 선생님이 있는 학원이냐? 원어민 선생님이 없는 학원이냐? 몇 명의 그룹으로 배우는 학원이냐? 원어민 선생님과 1:1 개인교습을 받느냐? 아니면 아예 영어사용국가에 체류하면서 영어 공부를 하느냐?

사람들은 이것들이 영어 학습의 성패를 좌우하는 것처럼 생각합니다. 그러나 이것들은 영어 공부의 길이 아닙니다. 길 주변의 겉모습이요, 주변 풍경일 뿐입니다. 주변 풍광은 길 자체가 아닙니다.

'영어 정복은 높은 산을 오르는 것과 같다'는 비유가 사실이라면 영어 공부에서는 출발점과 도착점의 모습과 값이 분명히 있게 됩니다. 물론 그 사이의 모든 지점에서도 모습을 알 수 있는 값들이 있게 되겠지요. 그리고 남들이 많이 다녔던 정상에 이를 수 있는 길도 있고, 가장 빠른 길도 있을 수 있고, 정상에 이를 수 없는 산을 헤매기만 하는 길도 분명히 있습니다.

영어 공부에서는 현재의 상태를 '듣기, 말하기, 읽기, 쓰기'라 할 수 있습니다. 그러나 이것들은 밖으로 드러난 모습입니다.

예를 들어 어떤 사람이 아름답게 보인다면 '아름답게 보이는 것'은 밖으로 드러난 모습입니다. 아름답게 보여 지는 모습은 생김새와 어떤 옷을 입고 있는지, 어떤 신발을 신고 있는지에 따라 달라지겠지요. 이 생김새와 옷과 신발과 같은 것들을 겉보기 상태를 알려주는 값이라 할 수 있습니다.

또 하나의 예를 들면, 물이 끓고 있는 모습이 있습니다. 라면을 넣고 끓일 수 있는 상태는 밖으로 드러난 모습이 됩니다. 이때 물의 양, 온도와 압력을 상태를 나타내는 값이라 부릅니다. 물은 끓는 데 물의 양이 한 컵 밖에 안되면 라면을 끓일 수 없고, 충분한 양이 끓고 있어도 압력이 낮으면 라면이 설익게 됩니다. 겉모습을 보여주는 속 알갱이들은 값들로 이루어집니다.

영어의 '듣기, 말하기, 읽기, 쓰기'는 겉보기 모습입니다. 영어의 겉모습을 변화시키는 것이 영어 공부라는 것을 누가 모르겠습니까? 그런데 영어를 공부하는 많은 사람들이 모르는 것이 있습니다. 영어 듣기, 말하기, 읽기, 쓰기의 모습을 바꿔주는 속 알갱이 값들이 무엇으로 되어 있는지 모르고 있습니다. 아니 알고 있다고 생각하지만 잘못 알고 있습니다. 그 때문에 어떻게 공부하면 속 알갱이 값이 바뀌어 겉모습인 듣기와 말하기가 좋아지는지 생각하지 않고 공부를 합니다. 우리들이 영어 공부의 속 알갱이 값들을 바로 알고 산을 오르면 빠른 길로 오를 수 있

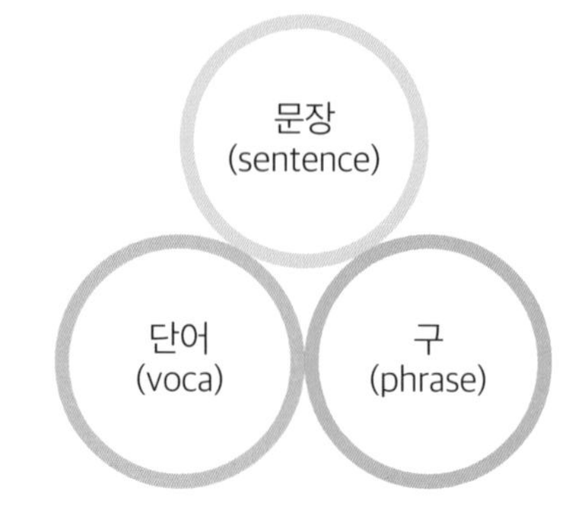

그림 5 **흔히 잘못 알고 있는 영어 능력의 변화 값**

습니다.

우리들이 여태까지 알고 있던 영어 공부의 겉모습을 변화시키는 값들은 다음과 같습니다.

흔히 알고 있는 영어의 변화 값으로 {단어, 구(단어뭉치), 문장}의 세 가지로 알고 있으며, 이것을 공부하는 데 시간을 쏟아 붓습니다.

그러나 이것은 잘못 대충 알고 있는 값입니다. 이것을 잘못 대충 알면 어떤 일이 일어나는지 알아보겠습니다.

예를 들면 이렇습니다. 라면을 끓이는 데 필요한 물의 변화 값을 물의 양과 온도만으로 잘못 알고 있을 때 일어날 수 있는 일과 같습니다.

라면 끓이는 변화 값으로 {물의 양, 온도, 압력, 시간}의 네 가지인데, {물의 양, 온도, 시간}의 세 가지만으로 잘못 알고 있다면 어떻게 될까요?

압력이라는 변화 값을 생각해야 되는데 우리는 대기압 속에 살고 있기 때문에 압력을 생각하지 않습니다. 비유하면 영어를 사용하는 곳에서는 항상 영어의 소리가 주변에서 사용되고 있기 때문에 {단어, 구, 문장}의 글자 값만으로도 듣기, 말하기, 읽기, 쓰기 능력이 쑥쑥 변화합니다. 항상 대기압에서 살고 있는 우리들이 라면을 끓일 때 압력을 생각하지 않아도 라면이 끓여지는 것과 같습니다.

그러나 대기압보다 낮은 압력이 있는 곳에서 지내게 된다면 상황은 달라집니다. 물은 보글보글 끓고 양도 충분한데 라면이 익지 않습니다. 먹을 수 있는 라면이 아닙니다. 밥을 해도 밥이 익지 않습니다. 먹을 수 있는 밥이 안됩니다.

이렇듯 환경을 고려한 변화 값을 아는 것이 중요합니다. 압력이라는 값을 알고 있는 사람은 압력 밥솥을 생각할 수도 있습니다. 대기압보다 높은 압력 밥솥으로 밥을 하면 훨씬 빠른 시간에 맛있는 밥을 만들 수 있습니다.

마찬가지로 우리가 영어를 공부하는 환경이 영어사용지역이 아니기 때문에 흔히 알고 있는 영어 공부의 변화 값인 {단어, 구, 문장}은 정확한 것이 아닙니다. 우리들이 영어를 공부하는 환경에서는 저것에서 몇 가지가 빠져 있는 것입니다.

영어 공부 환경에 관계없는 모든 환경에서 적용되는 일반적인 영어 공부의 변화 값을 알아야 합니다. 그리고 우리들의 영어 공부 환경에 맞는 변화 값들을 변화시켜야 영어의 겉모습이 달라집니다. 영어 듣기가 달라지고, 말하기가 달라지고, 읽기가 달라지고, 쓰기가 달라집니다.

그러면 우리나라와 같이 영어를 사용하지 않는 지역의 환경에서 영어를 공부할 때 일반적인 영어의 변화 값은 무엇일까요?

일반적인 영어의 변화 값은 {① 단어의 소리와 이미지와 글자, ② 단어뭉치의 소리와 이미지와 글자, ③ 짧은 문장의 소리와 이미지와 글자, ④ 단어 소리의 강세, ⑤ 단어뭉치 소리의 강세와 연결음과 리듬, ⑥ 짧은 문장 소리의 강세와 연결음과 리듬, ⑦ 뇌 속에 기억된 소리와 이미지와 글자, ⑧ 입으로 반복 훈련된 소리의 구강 근육 기억, ⑨ 소리의 활성화, ⑩ 소리의 동기화, ⑪ 이것들의 양}과 같이 11가지나 됩니다.

이것들을 요약하면 아래 그림과 같고, 이것들을 모두 변화시켜야

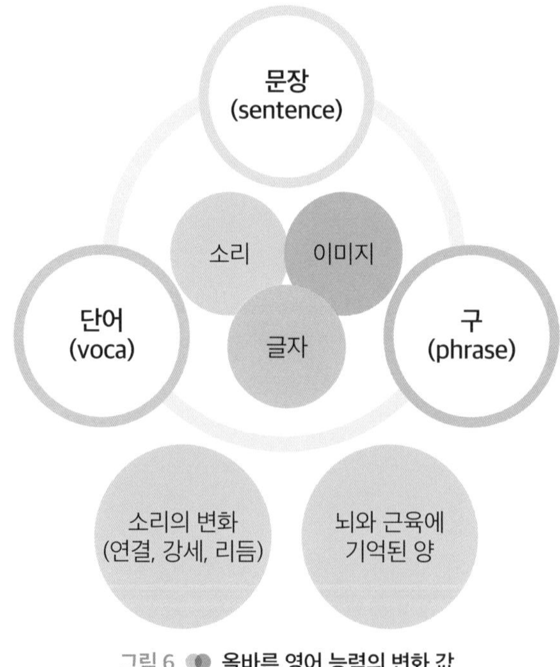

그림 6 올바른 영어 능력의 변화 값

영어 능력이 변화됩니다.

이 그림을 다시 요약 정리하면 영어의 변화 값은 {❶ 소리와 이미지와 글자(단어, 단어뭉치, 짧은 문장), ❷ 소리의 변화(강세, 연결소리, 리듬), ❸ 기억의 양(뇌 속에 기억된 양, 구강 근육에 기억된 양, 활성화된 소리의 양, 동기화된 소리의 양)}과 같이 되며,

조금 더 줄이면, 영어의 변화 값은 {❶ 소리와 이미지와 글자, ❷ 소리의 변화, ❸ 뇌와 근육에 기억된 양}과 같이 됩니다.

우리들이 지금까지 흔히 알고 있던 영어의 변화 값과 어떻게 다른가요? 분명히 다릅니다. 소리 값이 포함된 것이 다릅니다. 기억된 양이 포함된 것도 다릅니다. 그 외에도 다른 것들이 있습니다.

이제부터 지금까지 알고 있었던 것보다 정교하고 우리들의 영어를 새롭게 해 줄 과학적이고 일반적인 영어 공부의 변화 값에 대하여 알아가 보겠습니다. 변화를 일으키는 올바른 변화 값을 아는 것이 변화를 일으킬 수 있는 올바른 길의 시작입니다. 가렵지 않은 곳을 아무리 긁어도 시원해지지 않듯이, 상태의 변화를 일으키지 않는 값을 아무리 변화시켜도 상태는 바뀌지 않습니다.

지금처럼 잘못 대충 알고 있는 영어 공부의 변화 값들로는 우리들의 영어를 변화시킬 수 없습니다. 지금처럼 그냥 단어를 외우고, 글자로 써져 있는 문장을 해석하는 방법과 문장 해석 기술을 배우고, 그 문장을 기억하려 노력하는 영어 공부는 정상에 오르는 길이 아니라 산을 헤매는 길입니다. 등이 가려운데 발바닥만 긁고 있는 것입니다.

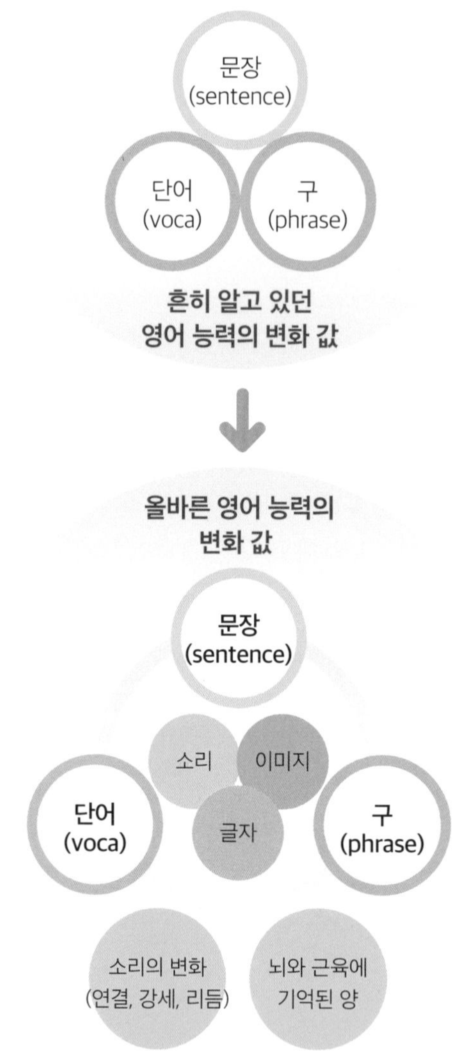

그림 7 영어 능력의 변화 값(기존 알고 있던 것과 다른 점)

4

우리들의 영어 공부 환경은 어디에 속하나?

인터넷을 검색해 보면 전 세계 인구는 70억을 웃돌고, 영어를 배워 사용하는 인구는 총 13억 정도이며, 이 중 영어를 모국어로 하거나 공용어로 사용하는 인구는 5억 정도로 알려져 있습니다.

영어 공부환경은 세 가지로 분류할 수 있습니다.

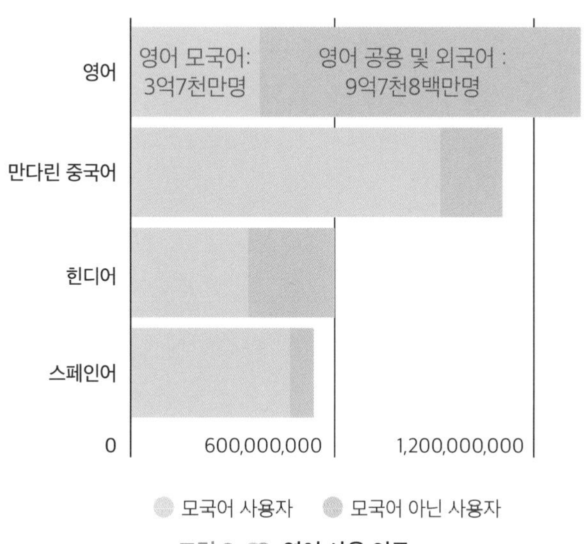

그림 8 영어 사용 인구

제1의 환경: 영어를 모국어로 사용하는 나라에서 영어를 습득하는 환경.

제2의 환경: 영어를 공용어로 사용하는 곳에서 영어를 습득하는 환경.

제3의 환경: 영어를 사용하지 않는 나라와 지역에서 영어를 습득하는 환경.

제1과 제2의 환경에서는 영어를 모국어로 사용하거나 공용어로 사용하는 곳이므로 소리를 통하여 영어를 공부할 수 있습니다. 이곳에서는 보통 소리를 먼저 익히고 글자를 나중에 배웁니다. 또는 소리와 글자를 동시에 배울 수도 있습니다. 그 어느 것도 문제를 일으키지 않습니다. 소리를 기반으로 하는 언어의 본래 모습에 어긋나지 않기 때문입니다.

그러나 제3의 환경에서는 소리와 글자를 병행하여 공부해야 합니다. 주변에 영어 소리가 없기 때문입니다. 전 세계 영어 학습자 가운데 60~70%는 제3의 환경에서 소리와 글자를 동시에 배웁니다. 주변에 영어로 오고 가는 소리가 없기 때문에 글자의 도움을 받아 글자를 소리로 바꾸어 가며 영어를 배울 수밖에 없는 환경입니다.

우리나라는 제3의 환경에 속해 있습니다. 영어를 배울 때 알파벳부터 배우고 시작합니다. 목적은 글자의 도움을 받아 영어를 공부하기 위해서지요. 글자의 도움을 받아 소리로 된 영어의 말을 하고 듣고, 글을 읽고 쓰려는 것입니다.

문제는 소리와 글자를 함께 배우며 영어를 배우는 것이 득이 되는가 독이 되는 가입니다. 자세히 보면 글자가 소리를 방해하는 길도 있고, 글자가 소리에 도움을 주는 길도 있습니다. 여러 갈래 길이 있을 수 있기 때문입니다.

우리들의 영어 공부 환경은 소리가 주변에 없는 제3의 환경입니다. 영어의 글자와 소리를 동시에 습득하여야 하는 이런 환경에서 글자가 영어를 듣고 말하는 상태에 도달하는 데 방해가 되지 않는 길은 무엇일까요?

이 물음의 답은 영어의 특징에 있습니다. 그리고 이 특징들은 한국어와 완전히 다르기 때문에 원어민들에게는 너무나 당연한 것들이 우리들에게는 너무나 낯설고 생소하여 받아들이기 쉽지 않습니다. 그럼에도 영어 학습에는 너무나 중요한 핵심 열쇠입니다.

5

한국어와 다른 영어의 특징들은?

한국어와 다른 영어의 특징은 다음 세 가지로 요약할 수 있습니다.

❶ 영어는 연결발음을 과하게 사용하는 말입니다.

❷ 영어는 강세기반 리듬을 갖는 말입니다.

❸ 영어는 단어뭉치(구, 단어가 몇 개 모여 새로운 의미를 갖는 것) 표현이 많은 말입니다.

이 세 가지(❶, ❷, ❸) 특징으로 다음과 같은 영어의 소리와 글자가 일치하지 않는다는 중요한 새로운 특징이 생깁니다.

영어의 소리와 글자는 일치하지 않습니다.

영어는 연결발음을 과하게 사용하고, 묵음과 기타 현상으로 소리와 글자가 일치하는 않는 결과를 보입니다. 이런 경우 글자를 기억하는 것은 실제로 말을 하고 말을 듣는 데 아무런 도움이 되지 않습니다. 소리를 기억해야 말을 듣고 말을 할 수 있습니다. 그러므로 영어 공부에서는 글자가 아닌 소리 외우기 훈련이 필요한 것입니다. 특히 글자와 소리를 함께 배워야 하는 제3의 환경에서는 글자의 함정에 빠지기 쉽기 때문에 소리 외우기 훈련은 영어 학습의 성패를 좌우하는 매우 중요한 갈림길이라고 할 수 있습니다.

영어의 소리와 글자는 일치하지 않는다.

영어의 소리 ≠ 글자

'단어를 외운다'는 것은 어떻게 외운다는 것인가?

우리들은 흔히 단어를 많이 외우면 된다고 생각하고 영어 단어를 열심히 외웁니다. 여러분은 단어를 어떻게 외우시나요? 여러분이 단어를 외우는 방법을 한번 생각하여 보시고 다음의 글을 읽어가면 좀 더 분명해질 것으로 보입니다.

단어를 외운다는 것에서 단어의 속성과 외운다는 속성을 흔히 알고 있는 것으로 생각하지 말고 한 겹 더 들여다볼 필요가 있습니다.

단어의 속성을 한 겹 더 들여다보면 단어는 다음과 같은 속성을 지니고 있습니다. 참조 3

단어 = 소리 + (글자) + 이미지 + 개념

말 = 단어 + 단어 + 단어 + 단어 ….

말은 단어, 단어뭉치, 짧은 문장으로 생각할 수 있습니다. 한 개의 단어도 말이 될 수 있고, 단어뭉치도 말이 될 수 있고, 짧은 문장도 말이 될 수 있습니다. 모두 생각을 주고받는 그림입니다. 아래 그림처럼 단어

짧은 문장 = 단어뭉치 + 개별 단어

ⓐ	ⓑ	ⓒ
There are cycle lanes	on either side of	the street.
단어뭉치		개별 단어

그림 9 **단어, 단어뭉치로 된 짧은 문장과 이미지**

도 단어뭉치도 짧은 문장도 모두 한 조각의 그림 이미지이지요.

하나의 단어도 그림 이미지로 어떤 뜻을 갖지요. 이미지가 개념이 됩니다. 한 조각의 그림으로 만들어진 소리와 글자입니다.

단어뭉치도 단어들이 몇 개 모여 개별 단어들과는 다른 뜻의 새로운 이미지가 됩니다. 새로운 그림 조각으로 된 소리입니다.

짧은 문장도 단어들과 단어뭉치들의 모임으로 이루어지고 새로운 이미지의 그림이 됩니다. 단어와 단어뭉치보다 완성된 의사소통의 핵심 그림 조각이라 할 수 있습니다.

짧은 문장은 2초 안에 말해지는 것들로 단어 수로는 10개 미만의 단어로 만들어집니다.

우리들의 말은 짧은 문장으로 된 그림 조각들을 계속 이어 붙여서 커다랗고 긴 파노라마 같은 그림을 주고받는 것입니다. 말의 시작은 짧은 문장에서 시작됩니다. 우리들은 단어가 가장 중요하다고 말하지만 이것은 잘못된 주장입니다. 물론 단어도 중요하지만 단어뭉치와 짧은 문장도 단어 못지않게 중요합니다. 사실은 대화를 하는 데는 짧은 문장이 단어보다 더 중요할 수도 있습니다.

말을 주고받을 때는 짧은 문장이 매우 중요합니다. 단어, 단어뭉치, 짧은 문장을 외워야 한다면 중요한 순서는 짧은 문장, 단어뭉치, 단어의 순서입니다.

단어를 외운다는 것의 속성은 단어의 소리 외우기, 글자 외우기, 이미지(개념) 외우기가 있을 수 있습니다. 실제로 외운다는 것은 이 세 가지 모두 외우는 것을 외운다고 합니다.

그러나 대부분의 지식습득을 한국어로 공부하는 상태에서 우리들의 외운다는 말의 의미는 이 세 가지 속성에서 어느 하나만 외워도 외웠다고 생각합니다. 그 이유는 한국어는 소리 = 글자 이기도 하지만 모국어로서 우리들의 뇌 속에 소리 = 글자 = 개념의 동체효과라는 것들이 이미 생겨 있기 때문이지요. 소리를 알아도 글자가 되고, 개념을 알아도 소리가 되고, 글자를 알아도 소리가 되기 때문입니다.

그러나 영어 공부에서 단어를 외운다는 것의 속성은 소리, 글자, 이미지(개념)를 동시에 모두 외워야 합니다. 소리를 외운다고 글자가 되고, 개념을 외운다고 소리가 되고, 글자를 외운다고 소리가 되지 않습니다. 그렇다면 영어 단어를 외운다는 세 가지 속성에서 무엇을 기준으로 외워야 할까요?

말은 소리를 근본으로 하기 때문에 소리를 기준으로 개념과 글자를 엮어서 외우는 것이 바른 길입니다. 당연한 것 같은 이 사실을 알면서도 대부분의 우리들은 이것을 소홀히 합니다. 대다수는 영어의 글자를 외워도 소리가 되지 않나? 하고 생각합니다. 그러면서 영어 단어의 글자를 외우는 데 많은 노력을 하고, 영어 문장의 글자를 해석하려고 많은 노력을 합니다. 소리를 소홀히 하고 글자와 해석에 집중하는 것이 잘못된 길을 들어서는 시작이 됩니다. 이것은 너무나 잘 만들어진 한국어의 표음 기능 때문에 한국어 사용자에게 일어난 착각에서 비롯된 것일 수 있습니다.

한국어 표음 기능의 우수성에서 비롯된 문제?

한국어와 영어는 표음문자를 사용하므로 '소리 = 글자'가 되어야 한다고 생각할 것입니다. 표음문자는 글자가 곧 소리요, 소리가 곧 글자이기 때문입니다. 그런데 그렇지 않습니다. 우리들은 모든 사고를 '그렇다', '그렇지 않다'로 하는 경향이 있습니다. 그러나 거의 모든 현상은 '그렇다'와 '그렇지 않다' 사이에 분포합니다. '그렇지 않다'는 숫자 0으로 하고, '그렇다'는 숫자 1로 하면 모든 현상은 0~1 사이에 존재합니다. 모든 현상은 '그렇다'와 '그렇지 않다'의 사이에 존재한다고 생각을 바꾸면 현상이 보다 정확하고 올바르게 이해될 수 있습니다.

표음문자에 대한 한국어 예를 들어 봅시다. '꽃잎'이라는 글자를 소리 내어 읽으면 어떻게 소리 내는가요? '꼰닙'으로 소리 냅니다. '글자단어 소리단어', 즉 글자와 소리가 일치하지 않습니다. '꽃잎'이라는 단어는 '꽃'이라는 단어와 '잎'이라는 단어가 합성된 단어입니다. '단어 + 단어'인 셈이죠. 단어와 단어가 모여 소리로 내어질 때 사람들은 에너지를 가장 적게 사용하는 발성법을 선택하게 됩니다. 흔히 발음을 쉽게 하려고 한다는 표현을 사용합니다. 그러나 조금 더 과학적으로 말하면 에너지를 더 적게 사용하려는 것입니다. 모든 자연현상에서 에너지를 최소화하여 상태를 변화시키려는 것이 법칙으로 알려져 있습니다. '최소 일의 법칙(Least work principle)'이라 하지요. 이 법칙이 사람들이 말을 할 때에도 나타납니다. 사람들은 동일한 말을 할 때 본능적으로 최소한의 에너지를 사용하여 발성하려고 합니다. 이것이 한국어의 '꽃잎'이라는 글자의 소리 발성에서도 적용된 것입니다. '꽃잎'을 글자가 갖는 음가 그대로 소리 내려고 하면 근육의 움직임이 보다 복잡해지고 에너지가 더 많이 사용되게 됩니다.

한국어는 전 세계에서 가장 뛰어난 표음문자인 한글을 사용하는 언어입니다. 가장 뛰어난 표음문자라는 것은 소리와 글자가 일치하는 정도가 가장 높은 수준이라는 것입니다. 한국어는 소리와 글자가 일치하는 정도가 '그렇다'에 매우 가깝지만 완전히 '그렇다'인 숫자 1은 아닙니다.

그래도 한국어를 모국어로 사용하는 우리들은 뜻을 모르는 글자를 보아도 소리로 정확하게 변환하여 읽을 수 있고, 소리를 정확하게 들으면 소리를 글자로 정확하게 변환하여 쓸 수 있습니다. 우리 한국 사람들은 글자를 외워도 정확한 소리가 되기 때문에 소리를 외워야 한다는 생

그림 10 **표음문자의 소리 일치 정도 분포**

각을 강하게 하지 않습니다. 그러나 영어는 이와 다릅니다.

특히 영어를 외국어로 배우는 우리들에게는 소리를 기준으로 개념과 글자를 엮어서 외우느냐 글자를 기준으로 개념과 소리를 엮어서 외우느냐는 영어 공부의 성패를 가르는 중요한 문제가 됩니다.

영어도 표음문자를 사용합니다. 26개의 글자로 된 알파벳입니다. 영어의 소리와 글자는 일치하는 정도가 '그렇다'인 숫자 1에서 한글보다, 다른 알파벳 사용 언어보다 더 많이 떨어져 있습니다.

소리와 글자의 음가가 일치하지 않는 것은 연음, 묵음 및 기타 현상에서 비롯되는 것들입니다. 연음현상과 묵음현상은 에너지를 최소화하여 발성하려는 것에 기인하는 현상입니다. 지방 사투리는 말이 소리로만 전달 되던 시절에 에너지 최소 발성에 의해 과다한 연음과 묵음으로 나타난 현상이라 할 수 있습니다.

영어는 알파벳을 사용하는 다른 언어들과 달리 에너지를 최소화하여 발성하려는 현상이 유난히 강하게 나타납니다. 또한 영어는 여러 언어에서 온 단어들이 영어화된 것들도 많습니다. 그 결과로 소리와 글자가 일치하지 않는 정도가 아주 심하게 나타납니다. '소리 ≠ 글자'라고 표현할 정도입니다. 이 정도가 되면 글자와 소리를 따로 기억해야 할 정도입니다. 실제로 따로 기억해야 합니다.

예를 들면 red(레드), head(헤드), said(세드), maid(메이드)라는 단어를 볼까요? Red(레드)와 head(헤드)와 said(세드)에서 밑줄 친 글자는 다른 알파벳인데 같은 소리를 냅니다. said(세드)와 maid(메이드)에서는 같은 알파벳인데 다른 소리를 냅니다.

단어를 소리 낼 때에도 소리와 글자가 저렇게 달라지는 것을 볼 수 있습니다. 단어는 단어 하나만을 독립적으로 소리 내면서 기억하게 됩니다. 물론 커다란 카테고리 안에서 규칙을 만들 수 있고, 규칙이 있고, 그 규칙을 가르칩니다. 그러나 규칙이 많고 복잡하여서 실용적 효용이 낮을 때에는 규칙이 없는 것과 다를 바 없습니다. 그냥 소리와 글자를 따로 기억해 버리는 것이 더 효과적이고 실용적일 수 있습니다.

'단어 + 단어 + 단어...'의 예를 들어 볼까요?

'My car is new.'라는 짧은 문장을 말할 때 단어를 따로 공부할 때에는 'my(마이)' 'car(카)' 'is(이스)' 'new(뉴)'라고 공부합니다. 영어를 처음 배우는 사람이 문장을 **단어별로** 또박또박 읽을 때 그렇게 읽을 수 있습니다. 그러나 실제로 영어에서 자연스럽게 말을 할 때에는 '마이 카 이스 뉴'가 '마이카리스뉴'로 말하게 됩니다. 'I make it'은 '아이 메이크 잍'을 '아이메이킽'으로 말합니다. **단어별로 따로따로 또박또박 소리 내지 않습니**

다. 이것들은 가장 기본적인 연결음에 대한 것이고, 여러분 모두 기본적으로 이해하고 있고, 많은 강사들이 설명하는 것들입니다. 단어들이 모인 단어뭉치나 짧은 문장에서 나타나는 연음과 묶음 및 기타 현상으로 글자와 완전히 다른 소리가 나는 것들은 셀 수 없이 많습니다.

기본적으로 영어에서는 글자 ≠ 소리, 즉 글자와 소리가 다를 수 있습니다. 이것이 우리나라와 같은 제3의 환경에서 영어를 배울 때 가장 주의하여야 할 영어의 특징입니다. 또한 한국어와 일본어와 같이 소리를 그대로 글자로 표기할 수 있도록 되어 있는 '글자 = 소리'의 언어를 사용하는 곳에서 반드시 주의하여야 할 영어의 특징입니다.

이런 경우에는 글자를 소리로 변환하는 규칙을 익혔다 하여도 몸에 자연스럽게 배기 전에는 소용없는 규칙이 됩니다. 말을 할 때에 규칙을 생각하면서 말을 할 시간이 없고, 규칙을 생각하면서 말을 들을 시간이 없기 때문입니다.

소리 ≠ 글자, 이와 같은 특징의 문제를 해결하려면 어떻게 해야 할까요?

소리를 외우는 방법밖에는 다른 방법이 없습니다. 소리에는 이미지와 느낌과 감정이 모두 실려 있습니다.

단어, 단어뭉치, 짧은 문장의 소리를 반복 훈련하여 각각의 소리를 기억하는 것이 유일한 길입니다. 각각의 소리를 외우는 것이 글자를 외우는 것보다 수백 배 중요합니다. 반드시 소리를 기준으로 외우고 개념과 글자를 소리에 엮어서 기억시켜야 합니다. 말은 소리로 된 것이고, 소리는 이미지와 느낌과 감정을 모두 주고받는 것이지만 글자는 그렇지 못합니다. 글자는 오직 소리를 통하여만 느낌과 감정을 살려낼 수 있을 뿐이기 때문입니다.

영어는 강세를 기반으로 하는 리듬을 갖는 소리입니다.

영어에서 강세가 왜 중요한가?

영어에서 강세가 중요한 이유는 이렇습니다.

극단적으로 말하면 특정 음절에 강세를 주지 않고 모든 음절을 똑같은 강도로 말을 하면 원어민들은 못 알아들을 수 있다는 것입니다. 뒤집어 말하면 어떤 단어의 강세 음절 하나만 강하게 소리 내고 나머지 음절은 입안에서 중얼거려도 원어민들은 알아들을 수 있다는 것입니다.

강세는 음의 강약을 말합니다. 한국에서는 흔히 액센트라 말하지만 액센트는 정확하게는 '개인과 지역의 특유한 억양'이라는 의미로 사용됩니다. 물론 영영 사전을 찾아보면 '특별한 단어나 음절을 강조한다'는 뜻도 있습니다. 그러나 액센트는 특유한 억양이라는 의미가 더 보편적이므로 강세와는 다릅니다.

영어 사전을 보면 단어들의 발음기호에 특정 음절에 강세를 표시하여 놓았습니다. 대부분의 단어는 특정 음절을 강하게 소리 내는 강세가 있습니다. 영어 소리는 이 특정 음절에 주는 강세를 기반으로 말하고

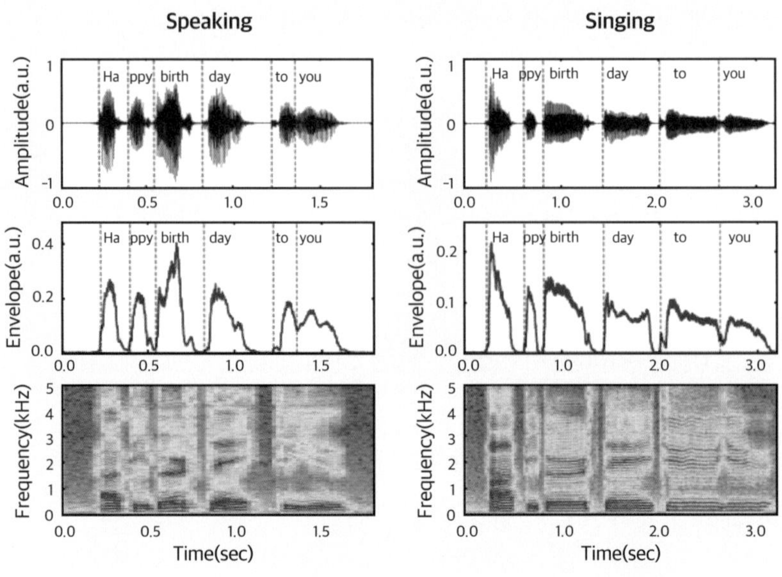

그림 11 영어에서 말할 때와 노래할 때 리듬의 유사성 참조 4

듣게 됩니다.

예를 들어 '해피버스데이투유(Happy birth day to you)'는 5개의 단어로 된 단어뭉치 또는 짧은 문장입니다. '해피버스데이투유'에서 '버(bir)' 음절만 강하게 강세를 주고 나머지 음절은 약하게 소리 내도 알아들을 수 있다는 연구가 있습니다. 또한 이 연구에서는 영어의 말하는 소리가 노래할 때와 같은 리듬의 유사성을 보여준다는 것입니다.

영어의 강세는 단어에만 나타나는 것이 아닙니다. 단어뭉치 속에서도 특정 단어에만 강세를 주고 나머지 단어들은 약하게 소리 내면서 말합니다.

문장은 단어와 단어뭉치로 되어 있으니 강세는 결국 문장에서도 일어나게 됩니다. 짧은 문장 표현에는 강세를 갖는 단어는 몇 개 안되고, 그 단어의 강세 음절만 강하게 소리 냅니다. 나머지 단어들의 음절들은 약하게 빠르게 소리 내어 버리면서 말합니다. 원어민들은 모든 음절을 소리 내지만 정확하게는 강세 음절만 강하게 소리 내고 나머지 음절은 연결음으로 약하고 빠르게 삼키듯 소리 냅니다. 그렇기 때문에 우리들이 들을 때에는 말을 삼키며 빠르게 지나가 버리듯이 들립니다. 잘 안 들린다는 것입니다. 잘 안 들리는 영화 드라마의 대사를 영상 소리 편집기에 놓고 자세히 들어보면 이것을 확인할 수 있습니다. 즉, 단어를 말하지 않은 것이 아니라 모두 말하였는데 연결음으로 빠르고 약하게 삼키듯 소리 냈기 때문에 잘 안 들린 것을 확인할 수 있습니다.

한국어와 일본어를 구사하는 우리나라 사람들과 일본 사람들은 한국말이나 일본말을 음절단위로 분명하게 소리 내지 않으면 알아듣기 힘들어 합니다. 들으면서 '뭐라고 말하는 거야. 말을 뱉나 삼키나'하며 흉을 봅니다. 한국어와 일본어는 각 음절 소리를 균등하고 정확하게 소리 내는 특징이 있는 것이지요. 글자도 그런 특징을 반영하여 만들어진 것입니다. 그러므로 한국인과 일본인은 음절 하나하나의 소리를 비슷한 중요도로 여기고 말합니다. 그리고 그런 소리와 글자에 익숙해 있습니다. 강세를 기반으로 하는 영어와 같은 특징의 소리와 글자에는 익숙하지 않은 것입니다. 영어의 글자 단어들을 공부하면서 우리 말의 습관처럼 모든 음절의 소리를 똑같은 중요도로 생각하며 소리를 훈련하는 것은 영어의 특징을 모르고 잘못 훈련하는 것입니다.

이와 같은 영어 소리와 글자의 특징을 모른 채, 영어 단어의 발음기호를 중심으로 공부하고, 단어뭉치나 짧은 문장의 소리를 개별 단어 기준으로 공부하는 것은 잘못된 공부 방법입니다. 이렇게 공부하여 기억하였기 때문에 한국이나 일본 사람들에게 영어 원어민들의 말소리가 잘 안 들리는 가장 큰 이유입니다.

영어에서 리듬은 왜 중요한가?

리듬은 일정한 박자나 규칙에 의하여 소리의 장단, 강약이 반복될 때 사람들이 느끼는 규칙적인 소리의 흐름을 말합니다.

짧은 문장의 말은 강세와 리듬을 타고 흘러가는 말소리고, 이 말소리의 리듬이 노래할 때와 비슷하다는 것입니다.

연구에 따르면 영어는 리듬을 갖는 말입니다. 참조 4 단어도 단어뭉치도 짧은 문장도 모두 강세를 주며 리듬을 타면서 말을 한다는 것입니다.

이렇게 강세와 리듬을 갖는 특징 때문에 영어를 공부할 때 글자를 보면서 공부한다면 문제가 생깁니다. 이와 같은 강세와 리듬은 글자로는 나타내기 어렵고 글자를 외워서는 결코 습득할 수 없기 때문입니다. 이것은 제3의 환경에서 영어를 공부하는 우리들이 반드시 이해하고 있어야 하는 특징입니다.

책에 쓰여진 글자를 해석하고 이해하는 공부만으로는 결코 해결할 수 없는 문제입니다. 한평생 단어를 외우고 영어 책을 해석하는 노력을 했다 하여도 말을 들을 수 없고 말을 할 수 없는 상태에 놓이게 됩니다.

그러면 어떻게 해야 할까요?

영어의 강세와 리듬의 말소리를 통째로 외우는 것이 유일한 길입니다. 말소리를 외우는 방법은 듣고 따라 하는 것이 유일한 길입니다. 악보 없는 노래를 가사만 보고 부를 수 없는 것과 같습니다. 사람들이 부르는 것을 듣고 따라 부르며 리듬을 익혀야 합니다. 리듬을 익히고 자기만의 리듬을 만들어야 합니다. 자기만의 리듬으로 부를 수 있어야 합니다. 악보와 조금 차이가 나더라도 자기만의 리듬을 가지고 부르는 사람은 노래를 끝까지 부를 수 있습니다. 노래에 리듬을 태우지 못하는 사람은 노래를 끝까지 부르지 못합니다. 노래의 리듬은 가락입니다. 말의 리듬을 말 가락이라 할 수 있습니다. 전 세계에서 영어를 말하는 여러 지역의 사람들을 보면 지역마다 조금씩 말 가락이 다른 것을 알 수 있습니다. 그래도 말을 할 때 강세와 리듬의 말 가락이 있으면 말을 할 수 있고 그 말을 알아들을 수 있습니다. 원어민의 말 가락을 따라 하는 것이 가장 좋겠지만 그렇지 못하다면 적어도 그와 유사한 자기의 영어 말 가락을 가져야 합니다. 소리를 따라 소리 내면서 그 소리를 외운 사람만이 말 가락을 가지고 말을 할 수 있습니다.

영어 공부에서 우리는 무엇을 착각하고 있는가?

말은 단어들의 집합으로 이루어집니다. 말은 짧은 문장으로 되어 있습니다.

단어는 말이나 문장을 만드는 가장 작은 단위의 퍼즐 그림 조각일 뿐입니다.

그러나 퍼즐 그림 조각이 단어만으로 되어 있지 않습니다.

우리들이 흔히 구(phrase)라고 말하는 단어뭉치로도 되어 있습니다. 단어뭉치는 단어가 몇 개 모인 새로운 퍼즐 그림 조각입니다. 새로운 단어입니다. 그 소리가 홑단어보다 조금 긴 새로운 단어일 뿐입니다. 단어뭉치가 말을 이루는 새로운 퍼즐 그림 조각이 됩니다. 영어에는 단어뭉치로 된 그림 조각이 많습니다.

말은 짧은 문장으로 되어 있습니다. 짧은 문장은 단어와 단어뭉치들이 모인 새로운 말 그림이 됩니다. 짧은 문장이 말을 이루는 기본 그림 조각이 됩니다.

말은 결국 짧은 문장들이 모여 파노라마 같이 흘러가는 그림인 것입니다. 그러므로 단어와 단어뭉치와 짧은 문장 표현들을 기억하고 있어야 말을 하고 들을 수 있게 됩니다. 기억한다는 의미를 여러분이 알고 있는 기억이라는 의미로 생각하면 착각입니다. 과학과 수학의 공식을 기억하거나 사회 역사의 어떤 것을 기억하거나 하는 그런 기억이 아닙니다. 글자나 개념으로 기억하는 것이 아니라 소리로 기억하는 것을 말합니다.

단어에 대한 착각(단어와 단어뭉치)

단어에 대한 첫 번째 착각은 단어가 말이나 문장을 만드는 퍼즐 그림 조각이니 '단어만 많이 알고 있으면 그 단어들을 조합하여 만들고 싶은 어떤 문장도 만들 수 있고, 말하고 싶은 모든 말을 할 수 있을 것이다'는 착각입니다.

이것이 착각인 이유는 이렇습니다. 말의 표현은 만들어 쓰는 것이 아닙니다. 이미 있는 표현, 즉 정해진 단어들의 조합을 쓰는 것입니다. 새로운 표현을 만들면 그것은 시를 쓰는 것과 같습니다. 일상의 말들은, 일상의 표현들은 단어를 바꿀 수 없는 이미 정해져 있는 단어들의 조합입니다. '식사하셨어요?' '밥 먹었니?'라는 표현은 이미 정해져 있는 것입니다. 이것을 '식사 먹었니?' '밥하셨어요?'라고 단어를 바꿔가며 표현을 내 생각대로 만들지 않는다는 것입니다. 이와 같이 일상의 말들은 이미 사용되고 있는 표현, 이미 정해져 있는 단어들의 조합으로 말해야 합니다. 이미 그려져 있는 그림 한 장입니다.

이런 이유로 새롭고 어려운 단어를 계속 외워가는 것보다 1000개 정도의 기본 단어와 그 기본 단어로 된 단어뭉치, 짧은 문장의 소리를 1000개 외우는 것이 가장 우선적으로 선행되어야 합니다.

일상의 표현들은 1000개 정도의 기본 단어의 조합으로 가능합니다. 짧은 문장으로 된 일상의 표현들은 한 컷의 그림 같은 것이고, 단어와 단어뭉치가 결합되어 만들어집니다. 기본 단어 1000개는 우리나라 초등학생들이 영어를 처음 배울 때 익히는 기본 단어 정도를 말합니다.

이 기본 단어와 이것들로 만들어지는 단어뭉치가 짧은 문장의 일상 표현들을 만들기 때문입니다.

짧은 문장 일상 표현은 기본 단어 + 기본 단어뭉치 + 기본 단어들로 이루어집니다.

기본 단어 1000개는 중요하다고 생각하고, 이것들로 이루어진 단어뭉치와 짧은 문장 표현은 단어보다 덜 중요하다고 생각하는 것은 착각입니다. 단어뭉치도 단어처럼 생각하고, 짧은 문장도 단어처럼 생각해야 합니다. 단어뭉치는 그 소리가 단어 한 개보다 조금 길 뿐 그냥 하나의 단어처럼 생각해야 착각이 아닌 것입니다. 그리고 조금 긴 그 소리를 외워야 합니다. 반드시 단어와 단어뭉치를 소리로 기억해야 합니다.

문장에 대한 착각

짧은 문장 표현은 단어가 10개 미만으로 된 것을 말합니다. 말하는 시간은 2초 안에 끝납니다. 영화 대사를 보면 이것을 확인할 수 있습니다. 2시간짜리 영화에 나오는 대사는 1000개 정도입니다. 이것들의 90%가 10개 미만의 단어로 된 짧은 문장입니다. 그리고 이것들을 편집하여 시간을 측정해 보면 1~2초 안에 끝납니다. 1~2초라는 시간이 중요한 의미를 갖습니다. 짧은 문장 표현은 단어와 단어뭉치보다 구체적이고 완전하여 다른 그림으로 쉽게 바꾸기 어려운 이미 만들어진 표현입니다. 단어와 단어뭉치가 그림 퍼즐 조각들이라면 짧은 문장 표현은 그림 퍼즐 조각이 모여 그려 진 한 장의 그림입니다. 우리들의 일상 생활에서의 대화는 모두 이 한 장의 그림을 던져서 보여주고 받아 보며 이루어집니다. 일상 생활에서 주고받는 모든 대화는 모두 짧은 문장 표현들입니다.

짧은 문장 기본 표현은 10개 남짓한 단어들로 된 말이고, 여유 있게 잡아 3초 이내에 끝나는 말이고, 그림 한 장으로 된 장면입니다.

짧은 문장으로 된 기본 표현을 한번 볼까요?

(1_Q) What do you do? (단어 4개) 너는 무엇을 하니?

(1_A) I study. (단어 2개) 나는 공부해.

(2_Q) What are you going to do? (단어 6개) 너는 무엇을 하려 하니?

(2_A) I'm going to take a shower. (단어 6개) 나는 샤워를 하려 해.

(3_Q) What are you going to do? (단어 6개) 어쩔 건데?

(3_A) I'm going to get up, go to work, and not to think about him all day.

(단어 5개) + (단어 3개) + (단어 8개)

일어나서, 일하러 가고, 하루 종일 그 사람 생각하지 않으려고 해.

우리들은 글자로 써진 이 짧은 문장 표현들을 보면 이렇게 생각할 수 있습니다. "이거, 내가 다 아는 단어로 된 간단한 문장이잖아. 그리고 이것들은 초등학교 수준이거나 영어 초보자 수준이잖아. 내가 모르는 단어로 된 조금 더 수준 높은 어려운 문장을 공부해야지, 이런 초보자 수준의 문장을 공부하면서 시간을 낭비하면 안되겠지."

아마도 우리나라 중고등 및 대학생들 또는 일반인들을 대상으로 조사해보면 99%가 저렇게 생각할 것입니다. 영어에 대한 엄청난 착각을 하고 있으면서 착각이라고 생각하지 않고 있는 것입니다.

지금 이 글을 읽는 독자분들도 저렇게 생각하실 것으로 추정합니다. 이와 같은 착각은 글자와 함께 영어를 배우는 제3의 환경에서 흔히 일어날 수 있는 현상입니다. 글자 중심으로 영어를 배운 사람들에게는 글자로 써져 있는 기본 단어로 된 예시문의 단어 글자들을 모두 알고 있기 때문에 일어나는 착각입니다. 즉, 앞에서 말한 단어와 단어뭉치에 대한 착각에서 비롯된 것입니다.

만약에 독자분들께서 각 예시문을 1~2초 안에 연음과 강세와 리듬을 갖는 소리로 발성할 수 없다면 저 예시문을 쉽다고 생각한 것은 분명히 착각입니다. 연음과 강세를 갖는 리듬의 짧은 문장 소리를 모르고 있음에도 단어 글자를 알고 있다고 문장을 안다고 생각하였기 때문입니다.

문장에 대한 첫 번째 착각 10개 미만의 단어로 된 짧은 문장 표현을 문장으로 생각하고, 단어만 교체하면 새로운 문장 표현을 무진장 많이 만들어 낼 것이라고 생각하는 것입니다. 착각입니다.

이런 착각이 '영어는 단어만 많이 외우면 된다'는 잘못된 말들이 맞는 말처럼 학생들 사이에 퍼지게 된 이유이기도 합니다. 이것이 단어만 중요하게 여기고 문장의 소리를 덜 중요하게 여기게 만드는 것입니다. 단어만 외우고 문장의 소리를 외우려고 하지 않게 만드는 것이죠. 그나마 외웠다는 단어도 영어 스펠과 한국어 뜻과 발음기호로 된 소리를 몇 번 소리 내며 외운 정도일 뿐이죠. 글자를 중요시 여기고 소리를 가벼이 여기며 공부하는 실수를 범하는 것입니다.

짧은 문장 표현은 그 자체로 하나의 단어입니다. 단어만 교체하면 새로운 표현이 무진장 만들어지는 그런 것이 아닙니다. 그 자체가 하나의 단어 같은 한 장 그림입니다. 1~2초 이내에 발성이 끝나는 그림 한 장입니다. 문법적으로 몇 개의 단어가 모여 있는 꼴이지만 실제 모습은 한 장 그림입니다. 우리들이 흔히 알고 있는 단어는 보통 2~4음절로 되어 있는데 발성시간이 0.3초 정도 됩니다. 짧은 문장 표현이 나타내는 의미를 단어처럼 2~4음절로 줄일 수 없어서 몇 개 단어를 연결하여 표현하였을 뿐입니다. 줄일 수 있으면 줄여서 단어로 교체하여 쓰게 됩니다. 우리 한국어의 신조어인 '내로남불('내가 하면 로맨스, 남이 하면 불륜'의 줄임말)'도 문장을 줄여서 단어로 만든 것입니다. 이처럼 문장도 2~4음절로 줄여서 쓰면 단어가 되는 것입니다.

그러므로 짧은 문장도 단어 수로 구분하지 말고, 음절 수가 조금 많을 수 있지만 1~2초 이내의 짧은 발성 시간이고 한 장의 그림이기 때문에 간단한 하나의 단어처럼 생각해야 합니다. 발성 음절 수가 2~4개보다는 조금 많은 3~15개 정도로 길고, 강세와 리듬을 가진 노래 같은 단어라 생각해야 합니다.

문장에 대한 두 번째 착각 '내가 이미 알고 있는 아주 쉬운 단어들로 되어 있는 간단한 문장이므로 모두 알고 있는 것이다. 그러므로 다시 공부할 필요가 없다'고 생각한다면 착각입니다.

짧은 문장 표현은 당신이 모르는 새로운 단어이므로 당신이 알고 있는 단어들을 모두 찾아보아도 이와 같은 그림의 단어는 없습니다.

문장에 대한 세 번째 착각 짧은 문장 표현에 나오는 쉬운 단어들의 단어 개별 발음을 알고 있다고 짧은 문장 표현의 말소리를 알고 있다고 생각한다면 착각입니다. 영어 공부에서 우리나라 학생들이 범하는 가장 큰 착각입니다.

이것은 영어 단어의 글자 스펠링을 외우면서 문장의 소리는 단어를 발음기호로 변환시켜 소리 내면 된다고 생각한 데서 비롯되었다 할 수 있습니다. 단어는 사전에 발음기호가 있어도 문장은 그 어디에도 강세와 리듬과 연음의 발음기호가 없는데도 말입니다.

짧은 문장의 소리는 개별 단어들의 글자와 다른 소리를 갖습니다. 단어들의 개별 소리와 짧은 문장의 전체 소리는 완전히 다릅니다. 짧은 문장의 전체 소리는 묵음과 연결음과 강세로 된 리듬을 가진 새로운 소리입니다. 강세와 리듬이 달라지면 뉘앙스도 달라집니다. 그러므로 아무리 쉬운 단어들로 되어 있다 하여도 짧은 문장의 소리를 외워서 기억하지 않은 상태라면 당신은 그 문장을 모르는 것이 됩니다.

앞에 예시된 'What do you do?'라는 짧은 문장 표현의 소리를 한번 볼까요? 책에서 글자로 설명하는 것의 한계가 있지만 한글의 표음 기능이 좋으니 최대한 그림과 같이 한글로 소리를 표기하고, 글자의 크기와 굵기로 강세와 리듬을 나타내 보겠습니다.

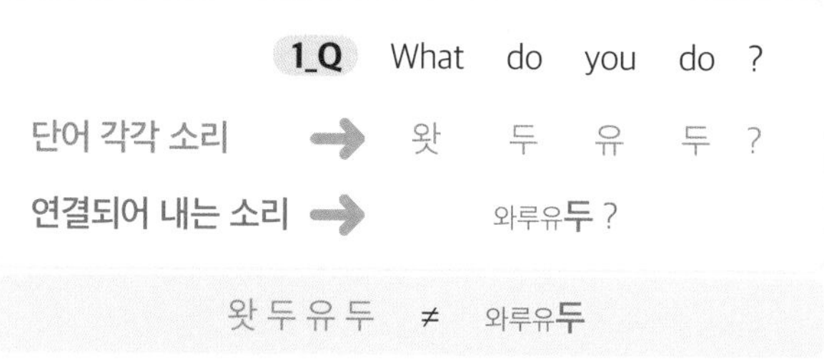

그림 12 짧은 문장 표현의 소리와 개별 단어의 소리가 다른 예

문장 속의 개별 단어들을 각각 또박또박 소리 낼 때의 **'왓두유두?'**와 짧은 문장의 단어들의 연결음으로 소리 내는 '와루유**두?**'는 완전히 다른 소리입니다. 여기 연결음 소리에 강세와 리듬까지 있습니다. 책에서 글자로는 리듬을 나타낼 수 없으니 글자 크기와 굵기로 나타내 보지만 분명히 다르다는 것을 아실 것입니다.

'와루유**두?**'라는 강세와 리듬을 가진 소리는 '무엇을 하니?'라는 의미를 가진 한 장의 새로운 그림 카드입니다. 4음절의 소리로 된 새로운 단어입니다. 다른 어떤 단어로도 이 소리 그림 카드를 대체할 수 없습니다. 그러므로 이런 의미의 그림을 주고받으며 대화를 하려면 반드시 이 그림카드의 소리, '와루유**두?**'를 사용해야 합니다. 다른 어떤 것으로도 대체할 수 없는 소리로 된 하나의 단어입니다. 그리고 이 그림으로 대화를 할 때는 '와루유**두?**'라고 소리 내야 합니다. 강세와 리듬이 다른 소리를 내면 못 알아듣습니다.

강세와 리듬이 조금 달라지면 뉘앙스도 달라집니다. 앞의 예문 (2_Q) 'What are you going to do?'와 (3_Q)'What are you going to do?'는 같

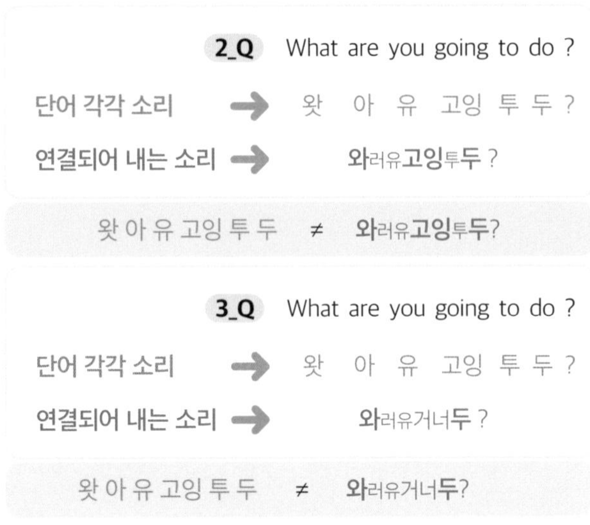

그림 13 짧은 문장 표현의 소리와 글자와 뉘앙스가 다른 예

은 단어들로 된 같은 질문입니다. 여기에서도 단어 각각의 소리와 단어가 연결되어 내는 소리가 그림처럼 완전히 달라집니다.

예문의 (2_Q)'What are you going to do?'와 (2_A)'I'm going to take a shower.'는 무엇을 할 거냐는 질문에 샤워를 할 거라는 아주 단순한 대화입니다. 그러나 (3_Q)'What are you going to do?'와 (3_A)'I'm going to get up, go to work, and not to think about him all day.'는 남자친구와 헤어진 여자에게 '이제 어떻게 할 거냐'는 약간 의미심장한 질문입니다. 대답은 '뭐 일어나서 일하고 그 사람 생각하지 말아야지'라는 시원스러운 답입니다. 같은 단어로 된 두 질문의 뉘앙스가 조금 다르겠지요? 뉘앙스가 조금 다른 느낌을 글자로는 표현하기 어렵고 알기 어렵습니다. 소리와 그때의 분위기로 알 수 있게 됩니다.

여기서도 '**와**러유거너**두?**'는 6개의 음절로 된 강세와 리듬을 가진 소리의 새로운 단어라고 생각해야 합니다.

앞의 두 짧은 문장의 예는 소리를 빼고 글자만으로 문장을 해석하고 이해하면서 영어를 배우는 것이 얼마나 잘못된 영어 공부인가를 보여주고자 하는 것입니다. 글자 중심으로 영어를 공부하는 것은 말을 들을 수 없고, 말을 할 수 없는 공부 방법이라는 것을 보여주고자 한 것입니다. 저 예문은 너무나 많이 사용되는 단어 같은 짧은 문장이므로 여러분이 직접 소리를 내보고 실제로 드라마나 영화의 소리를 들어보고 '그렇구나'하고 이해하시는 것이 좋을 듯합니다.

결국, 영어 공부에서 단어와 문장에 대한 우리들의 잘못된 생각을 깨고 바르고 정확하게 보면 이렇게 정리됩니다.

짧은 문장 표현은 그 자체로 하나의 단어입니다. 새로운 단어이므로 사전에 있는 단어들을 모두 찾아보아도 짧은 문장을 대체할 단어는 없습니다. 그러므로 짧은 문장은 하나의 새로운 단어로 생각하고 반드시 외워야 합니다. 짧은 문장의 소리는 개별 단어들의 소리와 다른 소리를 갖습니다. 그러므로 강세와 리듬과 연결음으로 된 짧은 문장의 소리를 통째로 외우고 기억하여야 합니다. 물론 그 이미지와 뜻도 함께 기억하여야 합니다.

6

미국 드라마 '프렌즈'가 안 들리는 이유?

오래된 유명한 미국 드라마 프렌즈(Friends)는 시즌1~10까지 있고, 각 시즌은 24개의 에피소드로 되어 있고, 하나의 에피소드 방영시간은 22분이니 한 시즌은 총 9시간입니다. 프렌즈 전체 시즌을 보려면 90시간이 필요한데, 이것이 10년 동안 방영된 것입니다.

프렌즈 한 꼭지(에피소드 1개) 22분 영상에는 평균적으로 단어 800개가 사용됩니다. 22분 동안 800개 단어를 여기저기 계속 쓰면서 주인공들이 말을 하는 데, 대사가 600여 개 나오고, 대사 하나는 단어가 5~7개 정도로 되어 있습니다. 아주 짧은 문장이지요.

이 800개 단어의 수준은 어떨까요?

22분 영상 한 편에 나오는 단어를 보면 우리들의 초등학교, 중학교 수준의 기본 단어 3000개에서 60~70%를 사용합니다.

우리가 이 3000개의 기본 단어를 제대로 알고 있다면 프렌즈를 보면서 60~70%가 이해되어야 할 것입니다. 그런데 실제로 그런가요?

'프렌즈'나 미국 드라마를 교재로 영어를 다시 배워보려는 사람들이 많지만 모두 다음과 같은 비슷한 생각을 합니다. '단어나 문장들이 크게 어려운 것들이 아닌 것 같은데 들리지 않는다. 왜 그럴까?' 그러면서 그것을 듣고 공부해 보려고 많은 노력을 기울이지만 잘 되지 않습니다. 왜 그럴까요?

그 이유가 앞에서 설명한 영어의 특징과 우리들의 착각에 있습니다. 짧은 문장을 소리로 외우지 않은 우리들의 뇌 속에는 '프렌즈'의 주인공들이 주고받는 짧은 문장의 소리들이 기억되어 있지 않기 때문입니다.

글자로 보면 이해할 수 있을 것 같지만 소리로 들으면 글자≠소리이고, 그 소리가 기억되어 있지 않으므로 들리지 않습니다. '아는 것만 들린다'는 말이 여기에 적용됩니다.

우리가 무엇을 안다는 것은 우리 뇌 속에 그것이 기억되어 있을 때 우리는 그것을 안다고 생각하기 때문입니다. 바르게 알고 있느냐 잘못 알고 있느냐는 두 번째 문제입니다. 일단 바깥에서 무엇을 물어 왔을 때 나의 뇌 속에 그것이 있다고 생각되면 안다고 합니다. 그 다음에 안다고 생각하는 것을 꺼내어 바깥에서 물어 온 것과 맞추어 보고 일치하면 올바로 알고 있다고 생각합니다. 일치하지 않으면 잘못 알고 있다고 생각하여 뇌 속의 정보를 수정합니다. 바깥에서 물어 온 그것이 우리 뇌 속에 없으면 우리는 그것을 모른다고 합니다. 그렇기 때문에 공부를 한다는 것은 머리 속에 정보들을 기억시켜 놓는 것입니다. 기억된 정보들은 안다고 생각하는 것입니다. 모든 공부가 그렇습니다.

그중에서도 영어 공부는 다른 공부와 다르게 소리를 기억해야 하는 공부입니다. 음악 공부와 같이 소리를 기억해야 하는 공부입니다. 영어는 짧은 문장의 소리가 개별 단어 글자들의 소리 각각의 나열과 일치하지 않기 때문입니다.

글자로 보면 쉽다고 여기는 '프렌즈'에 나오는 말들이 들리지 않는 이유는 우리들의 착각에서 비롯된 잘못된 공부방법이 가장 큰 원인입니다. 소리를 기억해야 하는 공부를 글자를 기억하는 공부로 착각하고 글자에 무게 중심을 두고 공부해 왔기 때문입니다. 길을 잘못 잡은 탓입니다. 그래서 '프렌즈' 같은 쉬운 영어가 들리지 않는 것입니다. 앞에서 예를 들은 짧은 문장 (3_Q)'What are you going to do?' '이제 어쩔건데?'와 (3_A)'I'm going to get up, go to work, and not to think about him all day.' '뭐 일어나서 일하고 그 사람 생각하지 말아야지'는 프렌즈에 나온 대사의 하나입니다. 이 짧은 말이 실제로 잘 들리지 않습니다.

우리들이 지금까지의 잘못된 길을 버리고 올바른 길을 택하여 영어를 공부한다면 고등학교를 마친 모든 학생들이 '프렌즈'를 재미있게 시청할 수 있습니다. '프렌즈'뿐만 아니라 영어로 된 영화와 드라마를 재미있게 시청할 수 있게 됩니다. 이 책은 여러분에게 그 길을 안내하는 것입니다.

7

'단어를 기억한다. 단어뭉치를 기억한다. 짧은 문장을 기억한다'는 기억에 대한 오해?

글자를 배우기 전에 무엇이 먼저 기억되나?

아래 그림은 단어가 뇌 속에 기억되는 모습 참조 3 을 보여주고 있습니다. 단어뭉치도 짧은 문장도 모두 그림처럼 우리 뇌 속에 이와 같이 기억됩니다.

단어, 단어뭉치, 짧은 문장의 속성은 {소리, 이미지(뜻), 글자}의 세 가지입니다. 이 세 가지 가운데 글자를 배우기 전에 사람들의 뇌 속에 기억되는 것은 {소리, 이미지(뜻)} 단 두 가지입니다. 초등학교에 들어가기 전, 글자를 배우지 않은 아이들의 머리 속에 저장된 단어의 속성은 {소리, 뜻} 두 가지뿐입니다. 아이들은 이 두 가지만으로 언어생활을 합니다. 교육을 받지 않은 문맹자들의 언어생활도 이 두 가지 속성으로만 이루어집니다. 소리와 함께 오감으로 느껴지는 이미지가 의미(뜻)가 된 것입니다.

단어의 속성 = {소리, 이미지(개념), 글자}

이미지 모음 ➡ 범주화 ➡ 개념 ➡ 소리 ➡ 단어

그림 14 **뇌 속에 기억되는 단어의 모습**

비슷한 속성들의 이미지들을 모아서 그것만의 속성으로 구별해 내는 것을 범주화(카테고리를 나누는 것)라고 합니다. 무언가 비슷한 특징들이 느껴져서 그것들만의 것으로 구별하여 묶어낼 수 있는 능력을 범주화 능력이라고 합니다. 같고 다름을 구별해 내는 능력이라고 할 수 있습니다. 범주화 능력은 지적 능력에서 기억력 못지않게 매우 중요한 영역을 차지합니다. 오히려 기억력보다 더 중요한 역할을 하고, 지적 능력에서 가장 상위의 능력이 아닌가 생각합니다.

인간과 인간 이외의 종들 사이에 가장 크게 차이 나는 능력이 범주화 능력 차이이고, 소리의 분해 능력 차이이고, 기억용량의 차이를 생각할 수 있습니다. 범주화 능력이 뛰어나려면 뇌의 기억능력이 뛰어나야 합니다. 뇌의 기억능력 속에는 소리를 구별하는 능력과 함께 서로 다른 소리들을 더 많이 기억해야 하는 것도 포함됩니다. 그러므로 '범주화 능력'과 '소리 구별능력'과 '소리 기억능력'은 모두 연결되어 있습니다. 인간들이 오늘날 지구상의 생물 종들 가운데 가장 뛰어난 이유는 이 세 가지가 다른 생물 종에 비해 우수하기 때문이라 할 수 있습니다.

2022년 1월에 발표된 연구에 따르면 개들도 인간의 말소리를 구별할 수 있다는 보고가 있습니다. 참조 5 사람들만 사람들의 말소리를 분해하여 그 규칙성을 구별할 수 있다고 생각해 왔는데 이 연구로 생각을 바꿔야 하겠습니다. 멕시코에서 헝가리로 이사 온 라우라 쿠아야(Laura V. Cuaya) 박사가 함께 데려온 개, 쿤쿤이 헝가리 말을 어떻게 알아듣는지 궁금하여 시작한 연구입니다. 쿤쿤은 헝가리로 오기 전에는 스페인어로 쿠아야 박사와 의사소통하였다고 합니다. 이 연구팀은 다른 여러 마리의 개들을 함께 연구하여 개의 뇌가 사람의 뇌처럼 자기들이 기억하고 있는 소리와 기억되어 있지 않은 소리를 구별하여 반응한다는 것을 알아낸 것입니다. 또한 MRI를 통하여 개들도 인간들의 언어를 구별할 수 있다는 사실을 밝혔습니다. 두 그룹의 개들에게 한 그룹은 헝가리어로 '어린 왕자'를 읽어주고, 다른 한 그룹은 스페인어로 '어린 왕자'를 읽어주는 훈련을 한 뒤 MRI로 그들의 뇌를 분석한 결과입니다.

즉, 개들도 사람들의 말소리를 분해하여 소리의 규칙성을 기억하여 구별할 수 있고, 개들의 뇌 속에 기억되어 있지 않은 모르는 소리가 들려올 때에는 청각영역이 활성화되지 않는다는 것을 알아낸 것입니다. 그리고 기억되어 있는 리듬을 가진 훈련된 소리는 모두 뇌의 청각영역이 활성화되어 일어난다는 것을 밝혔습니다. 연구팀은 이것이 개들의

그림 15-a '어린 왕자'를 보는 쿤쿤(Kun Kun catches up on some reading.) *Raúl Hernández*

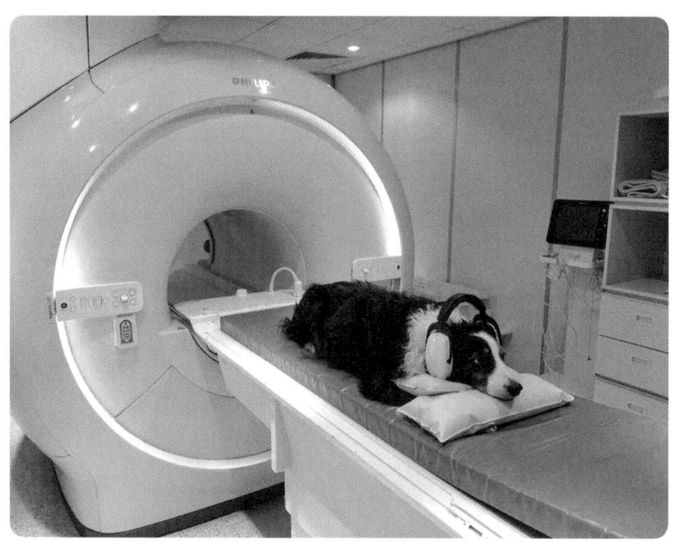

그림 15-b 쿤쿤이 언어를 구별하는지 알아보기 위해 MRI 촬영을 준비하는 모습(Kun Kun gets ready for a test to tell if dogs can distinguish languages from each other.) *Raúl Hernández* 참조 5

뇌를 MRI로 조사하여 '개가 사람의 말소리를 구별한다'는 것을 밝힌 최초의 연구라 하였습니다.

소리의 구별능력과 구별된 소리의 기억능력은 커뮤니케이션에 직접적인 영향을 주는 능력입니다. 개개인마다 이 능력의 차이가 조금씩 있을 수 있지만 각 나라의 모국어를 하는 사람들은 모두 이 능력을 기본적으로 갖고 있기 때문에 이들은 모두 외국어를 습득할 수 있는 능력이 있다고 봐야 합니다.

물론 소리의 구별능력과 기억능력이 뛰어난 사람은 외국어를 배울 때 올바른 경로를 선택하였을 경우 조금 더 빨리 조금 더 많은 외국어를 습득할 수도 있을 것입니다. 3개국어 4개국어를 능통하게 하는 사람들은 이 능력이 조금 뛰어나다고 볼 수 있습니다.

그러나 올바른 학습경로를 선택하였다면 누구나 외국어를 습득할 수 있는 보편적 능력을 지니고 있습니다. 영어를 하고 못하고는 학습경로 선택의 문제이지 능력의 문제에 해당되지 않습니다. 왜냐하면 누구나 모국어를 구사하는 능력을 지니고 있기 때문에 소리 구별능력과 소리 기억능력을 기본적으로 갖고 있다고 봐야 하기 때문입니다.

글자를 배우지 않은 아이들의 뇌 속에는 소리와 뜻(이미지)이 함께 기억됩니다. 그냥 단순히 기억되는 것이 아닙니다. 그냥 단순히 기억되지 않는다는 것에 영어 공부에 관한 다음과 같은 열쇠가 있습니다.

열쇠 하나. 말은 반드시 한 쌍의 모습으로 '소리-뜻(이미지)'이 저장됩니다. 한 쌍이 하나의 소리와 그것의 이미지(뜻)입니다. 소리가 곧 이미지이고, 소리를 들으면 이미지(뜻)가 0.1초 이내에 반짝하고 불빛처럼 떠오르며 지나갑니다. 소리와 이미지(뜻)가 한 몸인 것입니다. 그러므로 상대방의 말을 들으면 듣는 사람의 머리 속에 이미지들이 순식간에 떠오르면서 연결되고 말이 그려내는 그림이 파노라마처럼 지나갑니다. 그렇게 말을 듣고 말을 알아듣습니다.

결국 우리들은 소리로 발화된 이미지(뜻, 의미)를 떠올리며 말을 알아듣는 것입니다. 다른 방법은 존재하지 않습니다. 오직 이미지를 떠올리며 커뮤니케이션을 합니다. 이것은 인간들이 의사소통을 하는 생물학적 구속 조건입니다.

열쇠 둘. 말은 반드시 입(구강)으로 소리를 내는 운동기억과 함께 뇌 속에 저장됩니다. 입(구강)은 음식물 섭취와 호흡과 소리를 내는 역할을 합니다. 그중 음식물 섭취와 호흡은 별도의 훈련 없이 태어날 때부터 저절로 작동합니다. 마치 갓 태어난 송아지가 곧바로 일어나 걸을 수 있는 것처럼 작동합니다. 소리를 내는 것은 이와 다릅니다. 울음 소리나 웃음 소리는 태어나자 곧바로 낼 수 있습니다. 그러나 의미 있는 소리는 모방(따라 하기)과 훈련을 통하여 입 근육 움직임을 뇌에 소리와 이미지와 함께 기억시켜야 합니다. 입 근육이 의미 있는 단어의 소리 내는 법을 기억해야 소리를 낼 수 있습니다.

이것을 구강 운동기억(입 근육 운동기억)이라 합니다. 훈련을 통하여 근육이 소리를 내는 움직임을 기억한다는 말입니다. 의미 있는 소리를 내는 훈련을 하지 않아, 입 근육이 그것을 기억하지 않은 사람은 말을 들을 수는 있을지 몰라도 말을 하지는 못합니다.

결국, 말을 하기 위하여 우리가 기억하여야 하는 단어, 단어뭉치, 짧은 말은 그 속성이 하나 늘어나게 되어 세 가지가 됩니다. 영어 능력을 변화시키는 값으로 '소리'와 '개념화된 이미지'와 '구강 운동기억(입 근육 운동기억)'이 됩니다. 아래 그림과 같습니다. 말을 하는 것은 뇌의 기억과 입 근육의 기억이 연동되어 움직여야 뇌 속에 기억된 의미 있는 이미지를 소리로 뽑아낼 수 있습니다.

입 근육의 운동이 정교해질수록, 그리하여 소리가 더욱 정교해질수록 소리를 구별하는 능력이 높아집니다. 따라서 구별된 더 많은 단어

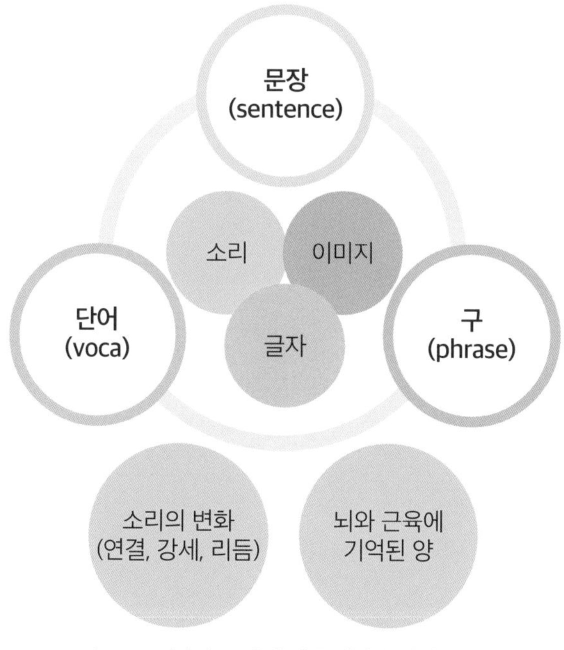

그림 6 (다시 보기) 올바른 영어 능력의 변화 값

들을 소리 낼 수 있고 더 많은 단어들을 기억할 수 있게 됩니다. 또한 입 근육의 운동과 뇌에 기억되는 이미지와 입 근육이 내는 소리가 상호 연동되어 작용하는 관계로 기억이 보다 선명하고 분명하게 구별되는 기억 상승효과가 일어납니다.

따라서 말을 듣고 말을 할 때에 필요한 짧은 말은 소리와 이미지와 입 근육 운동을 모두 기억시켜야 기억했다고 합니다. 소리, 이미지(뜻), 입 근육 운동 중 어느 하나라도 빠지면 기억했다고 하지 않습니다. 우리들이 흔히 경험하는 것으로 말하고자 하는 이미지는 떠오르는데 그 소리가 기억나지 않으면 '그 있잖아, 그거, 그거' 하면서 말을 잇지 못하는 것과 같습니다.

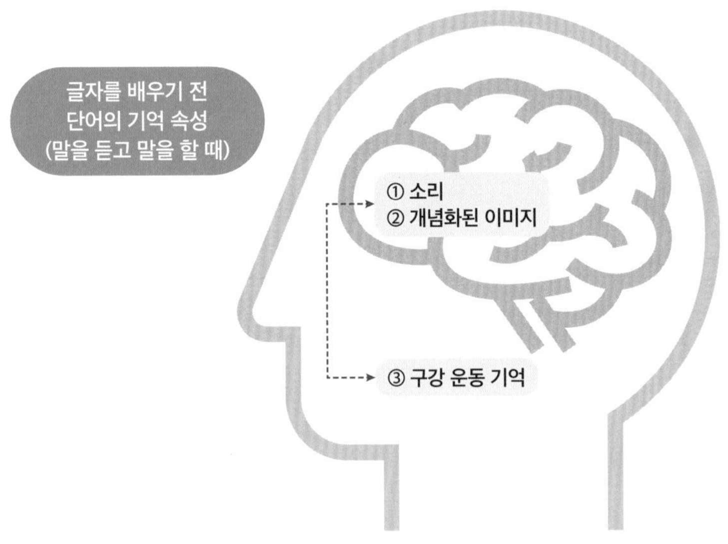

그림 16 글자를 배우기 전에 짧은 말이 기억되는 모습

앞의 그림과 같이 기억되어 있어야 이미지(뜻)를 떠올리면 구강운동기억을 통하여 소리를 낼 수 있고, 소리를 들으면 이미지(뜻)를 떠올릴 수 있게 됩니다. 그래야 기억이 올바르게 되었다 할 수 있습니다. 이 모든 작용이 0.1~0.2초의 눈 깜짝할 사이에 이루어지도록 기억시켜야 합니다.

이것이 여러분이 알고 있던 기억과 다른 것입니다. 즉, 소리를 내는 구강 근육 운동도 기억시킨다는 것이 크게 다른 것입니다. 그래야 말을 할 수 있다는 것을 분명히 이해해야 합니다.

글자를 배운 뒤에는 무엇이 기억되나?

글자를 배운 뒤에 기억되는 단어의 기억에는 글자가 추가될 뿐입니다. 그러나 이 글자도 단순히 추가되어 기억되는 것이 아니라 글자-소리를 연결하는 많은 훈련을 필요로 합니다. 글자를 소리로, 소리를 글자로 변환하는 훈련을 통하여 글자를 배우기 전에 기억하였던 말의 소리, 이미지(뜻), 구강 운동 기억들을 네 가지 속성으로 모두 리셋 저장합니다.

그리고 글자를 배운 뒤부터 새롭게 배워 기억되는 단어들은 네 가지 속성의 모습으로 동시에 기억하게 됩니다. 소리-글자, 글자-소리 변환 훈련을 많이 한 사람은 일반적으로 교육을 받은 사람들이 됩니다. 교육을 받은 사람들에게는 글자가 소리의 구별을 더 정교하게 해주는 역할을 합니다. 글자와 소리의 되돌림 과정으로 소리를 교정하면서 스스로 구강 근육 운동을 할 수 있기 때문입니다. 오직 소리로만 서로 다른 소리를 구분할 때보다 글자의 도움을 받으면서 구분할 때 더 정교하게 구분할 수 있습니다. 글자가 다르면 소리와 뜻도 달라질 수 있기 때문에 글자가 소리의 구별을 분명하게 해 줍니다.

또한 책을 읽으며 스스로 내는 소리를 기억할 수 있게 됩니다. 스스로 글자를 소리로 변환시켜 이미지와 함께 기억시키므로 글자를 배우지 않은 사람보다 훨씬 많은 단어와 단어뭉치와 짧은 문장의 표현을 기억하고 사용할 수 있게 됩니다.

속독 훈련을 받은 사람은 소리를 거치지 않고 글자 속성을 이미지 속성과 곧바로 연결시켜 빠르게 글자를 해독하는 능력을 가질 수 있습니다. 그러나 글자 속성을 이미지 속성에 곧바로 연결시키는 훈련을 하

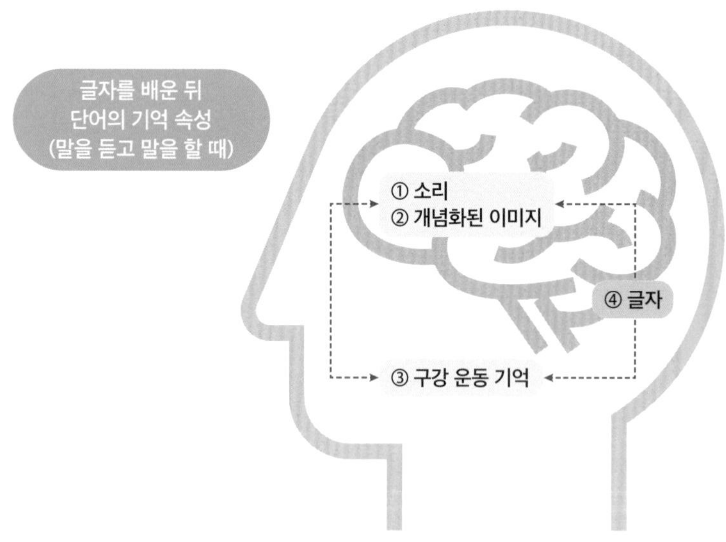

그림 17 글자를 배운 뒤에 짧은 말이 기억되는 모습

지 않은 보통 사람들은 글자를 읽을 때 반드시 소리를 내야 합니다. 직접 발성이든지 간접 발성이든지 반드시 소리를 내면서 그 소리를 이미지에 연결시키면서 글을 읽게 됩니다. 바깥으로 소리를 내는 직접 발성을 하지 않으면 마음 속으로 소리를 내는 간접 발성을 하면서 책을 읽게 됩니다. 보통 사람들에게는 소리가 이미지(뜻)를 떠올리는 버튼이기 때문입니다.

왜 한국 학생들이 '프렌즈'와 같은 드라마를 편하게 볼 수 없을까? (영어를 공부하는 한국인들의 뇌 속에는 어떤 것들이 기억되어야 하나? 그런데 어떻게 기억되고 있나?)

영어를 공부하는 환경이 영어 글자와 영어 소리를 함께 습득하는 우리나라와 같은 제3의 학습환경에서는 다음 것들이 기억될 수 있는 속성의 전부입니다.

한국인들이 기억시켜야 하는 영어 단어, 단어뭉치, 짧은 문장의 속성은 다음의 6가지입니다. ❶영어소리 ❷개념화된 이미지 ❸영어소리 입 운동기억 ❹영어 글자(스펠) ❺한국어 글자(뜻으로 사용) ❻한국어 소리(뜻으로 사용)

우리들이 올바른 길을 택하여 영어 공부를 하였다면 우리들의 뇌 속에는 영어의 단어, 단어뭉치, 짧은 문장이 다음 그림과 같이 기억되어 있어야 합니다.

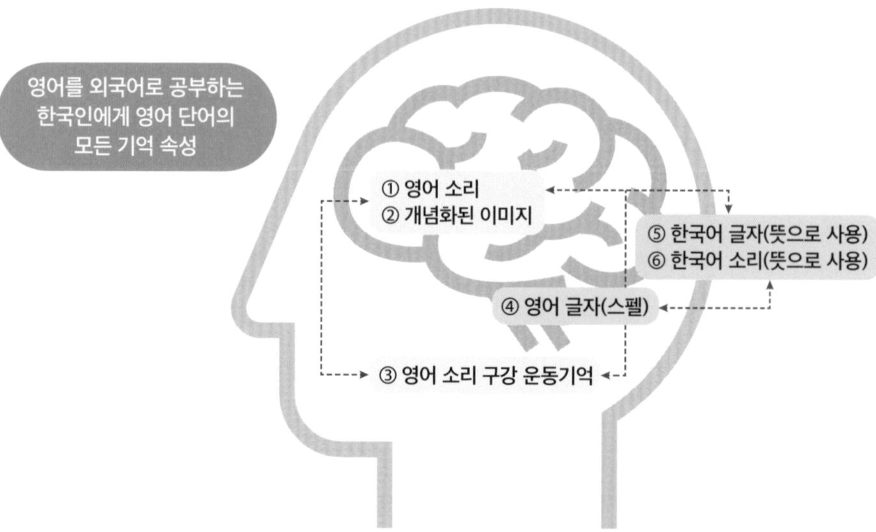

그림 18 한국어로 영어를 배우는 사람이 기억시켜야 하는 영어 단어, 단어뭉치, 짧은 문장의 모습

만약에 우리들이 종래의 방식으로, 책으로 된 단어장만으로 영어 단어를 공부하였을 때와 한국어 강의를 들으며 영어 단어를 공부하였을 때와 글자 위주의 단어 앱으로 영어 단어를 공부하였을 때에는 다음 그림처럼 뇌 속에 기억되어 있어야 할 이미지와 구강 근육 운동 기억이 빠져 있는 상태가 됩니다. 이것이 영어를 듣지 못하고 말하지 못하는 뇌 속의 기억 상태입니다.

앞의 그림에서 보듯이 종래의 방법으로 영어를 공부하는 대부분 한국인들의 뇌 속에 기억되는 단어의 속성에는 ❷개념화된 이미지(뜻)와 ❸영어 소리의 구강 근육 운동 기억이 빠져 있습니다.

종래의 방식으로 공부하면서 한국인들이 기억하려고 애쓰는 것은

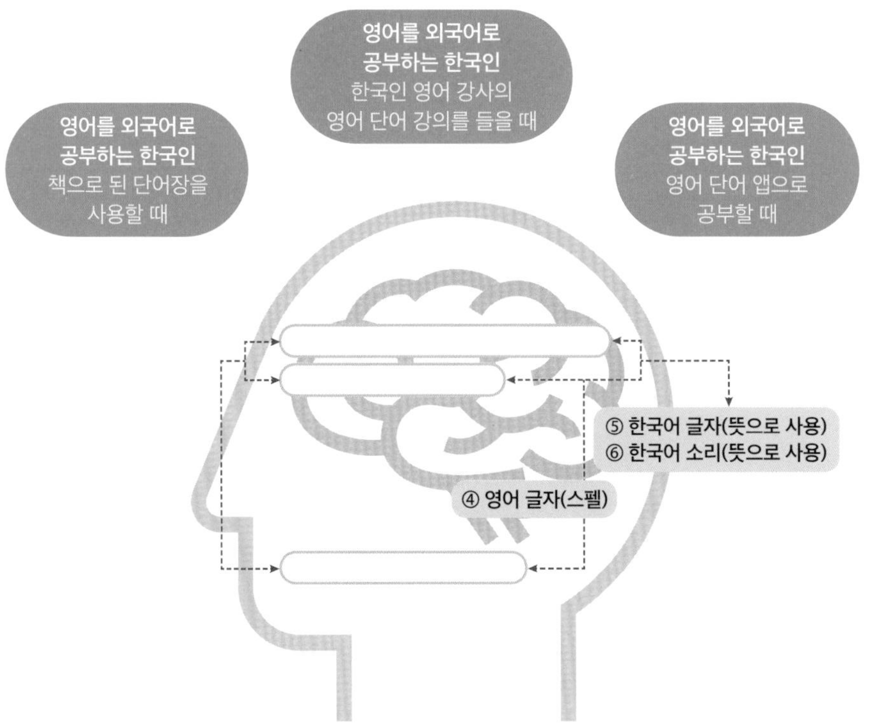

그림 19 영어를 듣지 못하고 말하지 못하는 한국 사람의 뇌 속 기억 모습

❹영어 글자(스펠)와 ❺한국어 글자 ❻한국어 소리입니다. 이것은 한국어 글자와 한국어 소리를 개념화된 이미지(뜻)로 대체하여 사용하려는 의도입니다. 의도가 아니라 한국어 글자가 곧 뜻이라고 생각하는 것입니다. 그러므로 한국어 뜻(글자, 소리)을 영어 글자(스펠)와 함께 정말 열심히 암기합니다. 그러나 한국어 글자나 소리는 그 소리에 연결된 이미지를 한 번 더 찾아 들어가야 하는 중간 매개체이지 이미지 그 자체가 아닙니다.

누구는 이렇게 질문할 수 있을 것입니다. 아니 한국어 뜻을 기억하였는데 왜 사용하지 못하냐고요. 그림에서 보듯이 한국어 글자와 소리를 뜻으로 사용하려고 열심히 암기하여 기억되어 있다고 하여도 한국어 소리와 글자는 이미지가 아닙니다. 이미지와 연결하는 매개체일 뿐입니다. 그러므로 영어 단어, 단어뭉치, 짧은 문장의 소리를 듣고 한국어 글자나 소리를 떠올렸다 하여도 한국어 글자를 매개체로 하여 이미지를 찾아 들어가야 합니다. 그래야 개념(뜻)으로 떠오릅니다. 이미지와 개념으로 떠올라야 아는 것으로 인식됩니다. 그런데 한국어 글자와 소리로 이미지를 떠올리는 데는 1초 이상의 시간이 소요됩니다. 영어 말을 들을 때 찾아 들어가는 시간이 0.1~0.2초를 넘어가면 다음 말이 쏟아져 오기 때문에 말을 놓치게 됩니다.

결국 시간 동기화 때문에 알아들을 수 없게 됩니다. 이것이 뒤에 설명되는 활성화와 동기화의 필요성을 낳게 되는 이유입니다. 영어의 소리를 들을 때 한국어 글자나 소리를 떠올리고 그것과 동체인 이미지를 동시에 떠올리려면 뇌 속에서 그 채널이 열려 있도록 특별한 훈련을 해주어야 합니다.

이 특별한 훈련이 소리 활성화 훈련이고, 소리 동기화 훈련입니다. 영어의 소리가 주변에 없는 제3의 환경에서 영어를 공부하는 우리들은 이 특별한 훈련을 하면서 영어를 공부해 나아가야 합니다.

이 소리 활성화 훈련과 동기화 훈련을 하지 않으면서 영어 공부를 하면 '영어를 듣지 못하고 말하지 못하는 한국 사람의 뇌 속 기억 모습'

의 그림 19와 같은 모습으로 뇌 속에 기억됩니다. 결국 말을 듣지 못하고 말을 할 수 없는 상태에 놓이게 됩니다. 그래서 우리나라 중학교, 고등학교 학생들이 영어 단어는 많이 알고 있으면서도 '프렌즈'와 같은 드라마 속 출연진들의 대화를 알아듣지 못하는 상황이 발생하는 것입니다.

8

짧은 문장이 왜 제일 중요한가?
(영어의 어순을 문법적으로 공부하는 것이 말이 되는가?)

원어민들이 영어를 말할 때에는 자기들도 모르게 이미지를 꺼내어 소리를 붙여 말을 합니다. 조각 그림들을 연결하여 파노라마처럼 전체 그림을 만들어 가며 소리로 말하는 것입니다. 각 조각 그림에 해당되는 소리를 쏟아내면서 말을 합니다. 이것은 영어뿐만 아니라 한국어, 중국어, 일본어, 프랑스어, 독일어 등 각 나라의 말을 하는 모든 사람들이 이와 같은 방식으로 말을 합니다. 이 조각 그림의 단어들을 파노라마의 전체 그림에서 문법적으로 구분하여 순서를 따져 놓은 것을 어순이라고 합니다. 각 나라 말의 어순은 문법적으로 따지면 조금씩 다를 수 있습니다. 영어와 한국어는 많이 다릅니다. 그래서 어렵다고 말합니다.

그러나 영어를 배울 때 문법으로 어순을 따지면서 배워서는 영어를 말할 수 없습니다. 들을 수도 없습니다. 말하고 듣는 데 반드시 필요한 짧은 시간이 이것을 허락하지 않습니다. 조각 그림들이 이어지는 소리를 순식간에 쏟아내야 하기 때문입니다. 짧은 말 속에 조각 그림들의 순서가 있고, 원어민들은 그 짧은 말을 태어났을 때부터 단어처럼 수백 수천 개를 듣고 따라 소리 내면서 뇌와 구강 근육에 기억시켰습니다. 앞에서 언급한 범주화 능력으로 자연스럽게 그 순서를 익히게 된 것입니다. 결코 문법으로 어순을 익힌 것이 아닙니다. 수천 개의 짧은 문장을 소리로 기억하면서 익히게 된 것입니다.

우리들이 영어의 어순을 익히는 방법도 이와 같이 해야 합니다. 우리들도 원어민의 뇌 속에서 순식간에 일어나는 이와 같은 일들이 우리들의 뇌 속에서 일어나도록 훈련하는 것입니다.

짧은 문장을 소리로 기억하려고 훈련하는 것이 단어와 단어뭉치를 기억하려는 훈련보다 효율이 높습니다. 물론 단어와 단어뭉치도 소리로 기억하려는 훈련을 해야 합니다. 그러나 짧은 문장 소리는 1~2초 정도 소리 내는 것임에도 단어와 단어뭉치의 이미지를 모두 포함하고 있고, 강세와 리듬을 갖는 완성된 말이기 때문에 조각 그림의 순서 배열이 있습니다. 짧은 문장의 소리를 외우는 것으로 조각 그림의 순서인 어순을 범주화하여 자기도 모르게 체득할 수 있습니다. 그러므로 똑같은 노력이라면 짧은 문장의 소리를 기억하려는 노력이 일석이조 효과를 갖습

People walk in the snow.

A leopard walks on the snow.

그림 20 **사람들과 표범이 눈 속을 걷는 두 장의 그림**

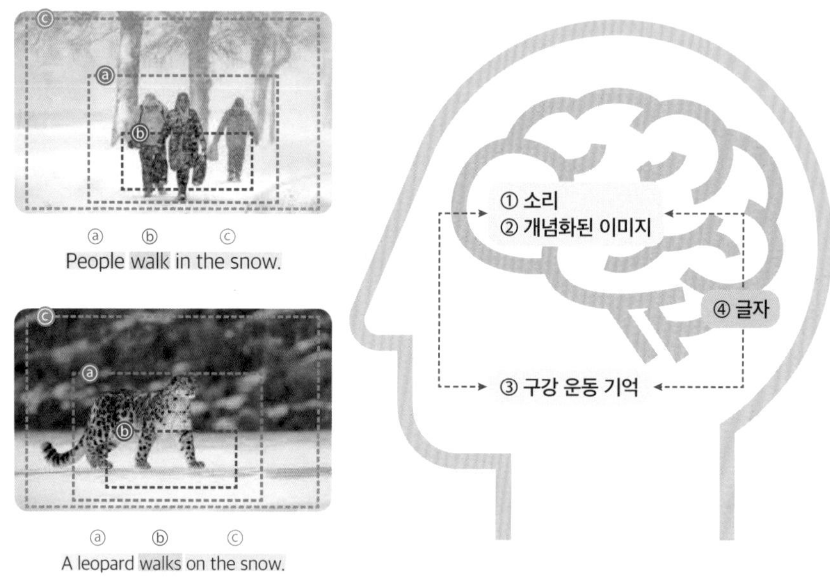

그림 21 단어와 단어뭉치로 구별된 조각 그림의 순서(어순)와 범주화

니다.

그림에서 눈 속을 걷는 사람들의 모습이 담긴 사진과 표범의 사진은 모두 한 장의 사진입니다. 한 컷의 그림입니다. 사람들 사진도 한 장이고, 표범의 사진도 한 장이지만 둘 다 눈 속에서 걷는 모습입니다. 그러므로 한 장의 사진 이미지를 짧은 문장으로 소리 내어 기억하면 단어도 단어뭉치도 강세도 리듬도 짧은 문장의 이미지도 조각 그림의 어순도 모두 한 번에 기억시킬 수 있습니다.

그리고 두 그림을 나타내는 조각 그림인 단어와 단어뭉치의 배열에서 공통점을 찾으면 말을 하는 순서를 알 수 있습니다. 이렇게 공통점을 알아내는 것이 범주화 능력이고, 그것이 지적 능력 중에 매우 중요한 능력이라고 앞에서 말하였습니다.

이와 같이 짧은 문장의 소리를 한 장의 그림 사진과 함께 기억하는 것은 몇 가지 효과가 있기 때문에 훨씬 공부 효율이 높다는 것을 알 수 있습니다. 짧은 문장의 소리가 중요한 이유입니다.

영어 소리의 문제 해결 방법

❶ 소리를 활성화하려면 어떤 교재를 사용해야 하는가?

❷ 소리를 어떻게 기억시키는가?

❸ 어떻게 영어 말을 알아듣고, 영어 말을 할 수 있을까?

❹ 몇 개의 단어 소리, 단어뭉치 소리, 짧은 문장 소리를 이와 같이 학습하여야 소리 활성화 상태에 도달할까?

❺ 3000개의 단어, 단어뭉치, 짧은 문장을 소리 활성화시키는 데 얼마나 걸리는가?

1

소리를 활성화하려면 어떤 교재를 사용해야 하는가?

'소리 활성화'와 '소리 동기화'란 말을 왜?

말을 배우는 과정은 결국 소리를 활성화시키고 소리를 동기화시키는 훈련 과정입니다. 이 말은 모국어를 배우는 과정에도 해당되고 외국어를 배우는 과정에도 해당됩니다. 그러므로 소리 활성화와 소리 동기화는 영어를 배우는 과정의 전부이고, 외국어를 배우는 과정의 전부입니다.

우리가 영어를 듣지 못하고 말하지 못하는 이유를 한마디로 '영어의 소리가 활성화되어 있지 않기 때문이다'라고 말하면 가장 과학적으로 표현한 것입니다. 소리가 활성화된 다음에 소리가 동기화되는 상태가 일어납니다. 소리 활성화가 일어난 단계에서는 소리 동기화가 쉽게 일어날 수 있습니다. 그러므로 '우리가 영어의 말을 듣지 못하고 말을 하지 못하는 것은 영어의 소리가 활성화되어 있지 않기 때문이다'라고 말할 수 있습니다.

여기에서 소리 활성화와 소리 동기화란 용어를 사용하는 이유는 영어의 특징을 생각하지 않고, 또 영어가 뇌 속에 기억되는 모습을 생각하지 않고 공부하던 종래의 영어 공부 방법과 행동을 바꾸려는 것입니다. 생각은 말이 되고 말은 행동이 되기 때문입니다.

'단어를 외운다. 구를 외운다. 문장을 외운다'와 같은 종래의 용어를 사용하는 사람은 소리를 중요하게 여기지 않는 단순 기억을 생각할 수 있습니다. 과학과 수학 공식 외우는 것과 같이 생각하는 것이지요.

그러나 '단어, 단어뭉치, 짧은 문장의 소리를 활성화시킨다'는 용어를 사용하게 되면 그 말 속에 이미 소리와 뇌와 구강 근육 운동이라는 것을 모두 포함한 활성화된 모습의 기억을 가리키게 됩니다. 종래의 단순 기억과 다른 것을 떠올리게 됩니다. 생각이 달라지는 것입니다. 기억하는 행동도 달라지는 것입니다.

소리 활성화 상태가 무엇이고 왜 중요한데?

영어의 단어, 단어뭉치, 짧은 문장의 소리를 들을 때 그 뜻을 동시에 떠올릴 수 있으려면 어떻게 되어야 할까요? 또 어떤 말을 하고 싶을 때 곧바로 구강 근육을 움직여서 말을 할 수 있으려면 어떻게 되어야 할까요? 뇌 속에서 그 소리에 대한 청각영역, 시각영역, 언어영역(발성영역, 이해영역), 기억중추영역의 채널이 모두 열려 연결되어야 합니다.

소리 활성화 훈련은 이 채널들이 그 소리에 반응하여 연결되도록 특별한 훈련을 해 주는 것입니다. 영어의 소리를 들을 때 곧바로 이미지로 그 뜻을 떠올리는 훈련을 사운드 투 이미지 트레이닝이라고 하겠습니다.

반대로 어떤 이미지를 생각할 때 뇌 속의 기억과 입 근육 운동기억이 연동되어 곧바로 강세와 리듬을 갖는 말소리로 쏟아낼 수 있도록 하는 훈련을 이미지 투 사운드 트레이닝이라고 하겠습니다.

이렇게 양방향으로 모두 훈련되어 있는 정도를 소리 활성화 상태라 하겠습니다.

활성화되었다는 말은 뇌의 각 영역의 채널이 잘 연결되어 원활하게 작동한다는 말입니다. 반대로 생각하면 활성화되어 있지 않은 것은 굳어 있어서 움직이지 못하는 상태를 말한다고 상상하면 되겠지요.

앞에서 영어의 현재 상태를 변화시키는 값들은 다음 그림과 같다고 하였습니다.

영어의 변화 값은 ❶소리와 이미지와 글자(단어, 단어뭉치, 짧은 문장), ❷소리의 변화(강세, 연결소리, 리듬), ❸기억의 양(뇌 속에 기억된 양, 구강 근육에 기억된 양)입니다.

소리 활성화 정도는 영어의 변화 값들이 뇌 속에서 변화된 정도를 의미하므로 풀어서 말하면 다음과 같습니다.

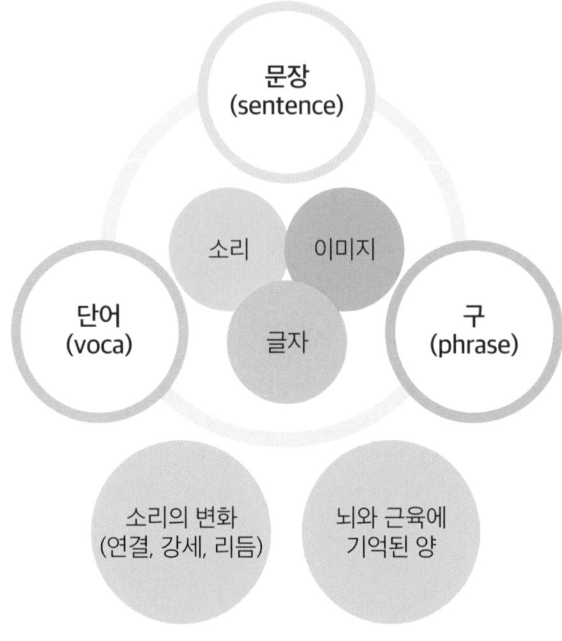

그림 6 (다시 보기) 올바른 영어 능력의 변화 값

소리 활성화 정도는 '단어, 단어뭉치, 짧은 문장의 소리가 강세와 리듬을 갖는 소리와 이미지로 활성화되어 뇌와 구강 근육에 기억된 양'의 정도가 됩니다.

더 간단히 말하면 소리가 활성화되어 기억된 양이 곧 소리 활성화 정도입니다. 더 쉬운 다른 말로는 소리 외우기 정도라 할 수 있습니다.

결국, 소리 활성화 정도 = 소리 외우기 정도 = 단어, 단어뭉치, 짧은 문장의 소리를 들을 수 있고 말할 수 있는 정도 = 사운드 투 이미지 훈련과 이미지 투 사운드 훈련이 되어 있는 정도

이것이 그 사람의 영어 상태를 나타내는 지표입니다. 소리 활성화 정도가 그 사람의 영어 상태를 나타내는 지표입니다.

그러면 여러분은 이렇게 생각하실 수 있습니다. '뭐야, 한참 복잡하게 설명하더니 결국은 단어, 단어뭉치, 짧은 문장을 많이 외우라는 말이잖아. 다 아는 얘기잖아?'

맞습니다. 다 아는 얘기입니다. 다 아는 얘기인데 왜 한국인들의 영어가 이런 상태일까요? 한국인의 영어 상태를 한 번 볼까요?

국적이 한국인으로서 영어를 자유롭게 구사하는 사람들은 대부분 다음과 같은 경우입니다. 미국이나 영국 등 원어민 국가에서 유학을 한 사람들, 기업이나 국가 기관을 통해 주재원 또는 해외 연수를 몇 년 다녀온 사람들, 어린 시절에 앞의 경우와 같은 부모를 따라 원어민 국가에 거주하며 1~2년 원어민 국가의 교육을 받고 한국에 돌아온 뒤 한국에서 초 중 고등 및 대학교육을 마친 사람들, 어린 시절부터 원어민 국가에 유학을 간 사람들, 한국에 온 원어민과 함께 생활하며 살고 있는 한국인이 대부분입니다. 이들은 모두 영어 환경에서 제1의 환경에 놓이는 특별한 혜택을 받은 사람들입니다.

주변에서 영어를 편하게 구사하는 사람을 보면 물어봅니다. 어떻게 영어를 그렇게 할 수 있게 되었는지? 거의 예외 없이 어렸을 때 부모를 따라 영어 원어민 국가에서 체류한 적이 있다고 대답하는 경우가 많습니다. 주변 친구들 중에 영어를 조금이라도 자유롭게 사용하는 사람들은 대부분 영어 환경의 제1의 환경에서 영어의 소리 활성화에 필요한 기간을 보낸 특별한 경우에 해당됩니다. 이런 경우를 제외하고 원어민 국가에 체류한 적이 없는 한국에서만 초중고 대학에서 영어를 공부한 한국인이 영어를 자유롭게 구사하는 경우를 본 적이 별로 없습니다.

완전히 한국에서만 교육을 받은 사람이 영어를 편하게 구사하는 경우는 극소수에 불과합니다. 그 극소수에 해당하는 사람들은 이 책에서 말하고 있는 방법으로 영어를 공부한 사람들입니다. 영어 공부의 가장 열악한 환경인 제3의 환경에서 소리 활성화 정도의 임계 상태를 넘긴 사람들입니다. 그 극소수에 해당하는 사람들이 '다 아는 얘기'인 '영어 공부는 소리 외우기다'를 몸으로 실천한 사람들입니다. 생각이 아닌 몸으로 실천하여 소리 외우기의 수량에서 임계 수량을 넘긴 사람들입니다.

이 책을 쓰는 목적은 극소수의 피나는 노력을 한 사람만 영어에서 자유로워지는 것이 아니라 누구나 고등학교를 마치면 영어에서 자유로워지는 길을 밝히려는 것입니다. 일반적으로 모두가 가능한 방법을 밝히려는 것입니다.

그 핵심은 다음 세 가지로 요약됩니다.

첫째는 소리 활성화가 가능한 교재의 선택입니다. 그것은 '단어를 외운다'는 말과 '단어의 소리를 외운다'는 말은 다르고, '짧은 문장을 외운다'는 말과 '짧은 문장의 소리를 외운다'는 말은 다르다는 것입니다. 그렇기 때문에 소리 활성화가 가능한 교재가 있을 수 있고, 그렇지 못한 교재가 있을 수 있게 되는 것입니다. 교재의 선택이 중요한 요소가 됩니다.

두 번째는 교재를 이용한 소리 활성화 방법입니다.

세 번째는 소리 활성화의 수량입니다. 소리를 외워야 하는 단어, 단어뭉치, 짧은 문장의 수량입니다. '소리 활성화 정도 = 소리 외우기 정도'이고, 이것이 영어 상태의 지표라 하였습니다. 지표가 되려면 숫자로 나타내야 지표가 됩니다. 수량이 제시되어야 목표가 생기는 것입니다.

이 세 가지를 잘 활용하는 것이 제3의 환경에서 영어를 공부하는 방법의 핵심입니다. 소리 활성화 상태라는 말은 목표와 지표를 모두 나타내며 영어 공부에서 가장 빠른 길을 안내하는 중요한 말이 되는 것입니다.

소리 활성화를 위한 교재의 선택

영어 능력을 변화시키는 값을 나타내는 그림에서 소리와 글자와 이미지를 기억시키기 위하여 사용되는 교재는 한국어와 영어를 모두 활용해야 합니다. 이 경우에 소리는 영어 소리, 한국어 소리가 사용될 수 있고, 글자는 영어 글자, 한국어 글자가 사용될 수 있습니다. 다음 그림과 같습니다.

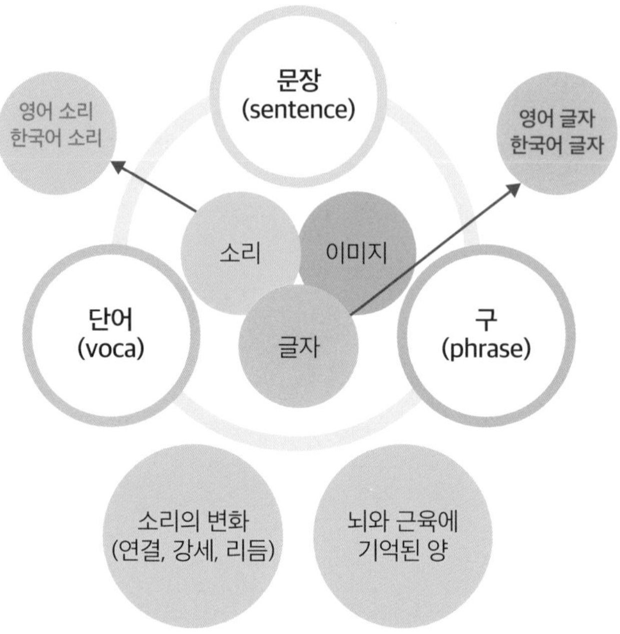

그림 22 교재에 사용되는 단어, 문장, 단어뭉치의 소리, 글자, 이미지

단어와 단어뭉치에 대한 교재

영어를 배우는 한국인에게 단어와 단어뭉치에 대한 교재는 다음 그림이 IT 기술로 만들 수 있는 '소리와 이미지와 글자'의 모든 조합이 나온 교재입니다. 'excuse'라는 영어 단어를 예로 들었습니다.

한국인들은 영어 단어 글자의 뜻을 한국어 글자로 공부합니다. 그러나 원어민들은 영어 단어의 뜻을 모를 때 영어-영어 사전을 보며 뜻을 공부하겠지요? 위 그림에서 영어 설명 글자가 됩니다. 이것이 그 단어의 이미지가 되겠지요. 이미지는 소리와 동체가 되어 있고, 글자와 이미지는 소리를 매개로 연결되어 있다고 하였습니다. 그러므로 단어와 단어

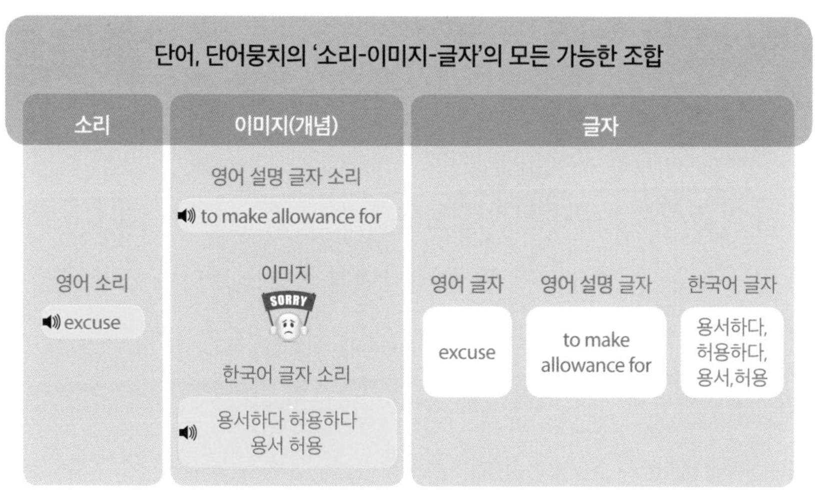

그림 23 단어 학습에 좋은 교재: 소리-이미지-글자의 가능한 모든 조합을 보여주는 IT 앱 교재

뭉치를 소리로 활성화시키려면 위 그림에서 소리-이미지(개념)를 연결하되, 모두 소리로 들으며 공부하는 것이 가장 빠른 길이 됩니다.

가장 좋은 영어 학습 프로그램은 위 그림과 같이 소리-이미지(개념)-글자의 조합에서 가능한 모든 조합의 콘텐츠가 있고, 그 콘텐츠들이 소리를 활성화시키는 구강 기억 훈련을 극대화하도록 기획되어 만들어진 프로그램입니다. 이렇게 만들어진 영어 학습 프로그램을 구하여 공부하는 것이 최단 경로를 갈 수 있는 길입니다.

영어 단어를 영어로 설명해 놓은 그림과 같이 글자와 그것을 소리로 녹음해 놓은 교재는 좋은 IT 교재입니다. 그 이유야 열 가지도 넘지만 몇 가지만 예로 들면 이렇습니다. ❶ 영어 단어를 영어로 설명하는 소리를 들으면 영어의 문장 구조도 익힐 수 있고, 제시 단어를 설명하는 단어들이 연결되어 소리로 쏟아져 나올 때 연결음과 강세와 리듬의 단어들을 들으며 그 의미를 연결하여 전체 그림인 제시 단어의 뜻을 알아채는 훈련을 할 수 있습니다. ❷ 단어 공부도 하고, 문장 구조 공부도 하고, 소리 활성화 훈련과 동기화 훈련을 동시에 할 수 있는 1석 4조 효과의 교재라 할 수 있습니다. ❸ 영어 단어의 설명을 영어로 알아들을 수 있도록 공부한 사람은 영어를 영어로 가르치는 수업을 들을 수 있는 능력이 자연스럽게 생깁니다. ❹ 또한 설명에 나오는 단어들의 소리도 한 번이라도 더 듣게 되므로 영어 단어의 소리 접촉 빈도수를 극대화할 수도 있습니다. ❺ 또한 한국어 글자 소리로 들려주는 주어진 단어의 뜻 소리를 영어로 설명되는 소리와 연관 지으면서 오직 소리만 들으면서 영어를 공부할 수 있습니다. ❻ 실제로 유명한 미국의 유튜브 영어 강사들은 전 세계 영어 학습자를 대상으로 영어 단어, 단어뭉치, 영어 표현 등을 영어로 설명하는 내용의 강의를 많이 합니다. 우리들이 이와 같이 미국에서 전 세계의 영어 학습자를 대상으로 영어를 가르치는 영어를 들으며 공부할 수 있는 수준이 되어야 영어 학습의 글로벌화가 됩니다. 이렇게 되려면 반드시 소리로 영어 단어를 영어로 설명해 놓은 교재로 단어 공부를 해야 합니다. 이런 공부에 익숙해져 있어야 한다는 것입니다. 사실, 영어를 영어로 가르치는 강의를 들을 수 있는 수준이 되려고 우리들은 영어 공부를 하는 것 아닌가요? 영어로 된 정보를 주고받으려고 영어 공부를 하는 것 아닌가요? 영어를 듣고 영어를 말하려고 영어 공부를 하는 것 아닌가요?

이렇듯 영어 단어를 영어로 설명하여 놓은 소리가 있는 IT 교재는 우리가 만날 수 있는 교재 가운데 가장 좋은 교재가 됩니다.

독자 여러분은 IT 기술로 만들 수 있는 모든 조합 중에서 어떤 조합으로 구성된 교재로 공부하고 계시나요?

종이 책으로 된 교재라면 모든 조합의 교재에서 글자부분만 될 것이며, 그중에서도 영어 설명 글자가 빠진 종이 책으로 된 다음 그림과 같은 것이 대부분이라 여겨집니다.

영어 소리가 포함된 IT 앱 교재라면 다음 그림 같이 글자에 소리가 있는 교재가 될 것입니다.

여기에 한국어 글자 소리가 추가로 된 앱이라면 다음 그림과 같을 것입니다.

한 장의 그림으로 된 이미지는 아주 기본적인 보통명사를 제외하고는 단어의 수준이 높아지면 표현하기 어렵습니다. 이미지는 보고, 듣고, 느껴서 상상하는 추상의 이미지가 훨씬 많기 때문에 한국어 글자 소리와 영어 설명 글자 소리를 들으면서 스스로 머리 속에서 만들어 가는 것이 가장 좋은 방법입니다. 그러나 보통명사들은 영어 소리-이미지를 곧바로 연결할 수 있으므로 이미지가 있는 교재가 좋습니다. 유아들이나 초등학생들의 단어 학습 교재에는 대부분 있습니다.

결론적으로 소리를 활성화시키는 데 가장 좋은 교재는 소리-이미지(개념)-글자의 모든 가능한 조합으로 된 IT 교재가 가장 좋은 교재입니다. 두 번째로 좋은 교재는 '한국어 글자 소리가 추가된 영어 소리-글

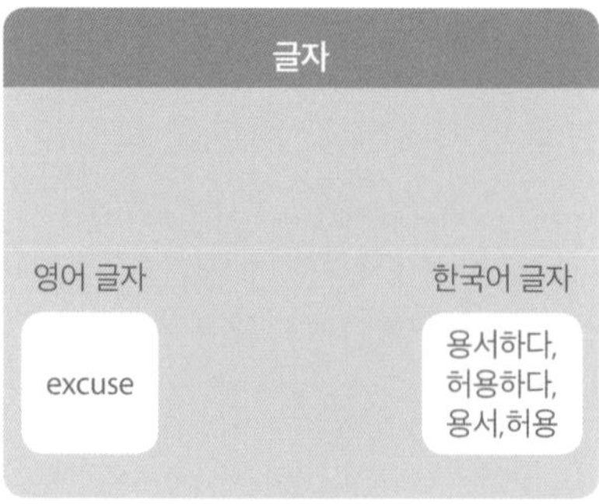

그림 24 글자로만 된 종이 책 교재

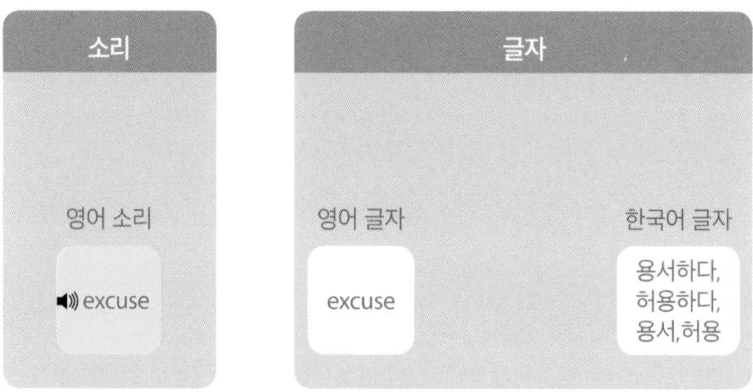

그림 25 영어 소리가 포함된 영어 소리-글자로 된 IT 앱 교재

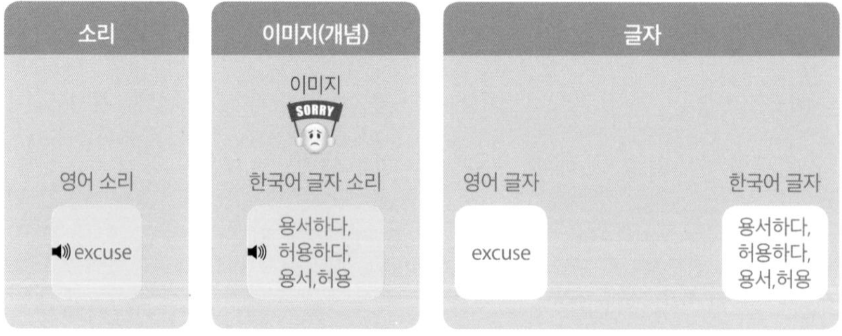

그림 26 한국어 글자 소리가 추가된 영어 소리-글자로 된 IT 앱 교재

자'로 된 교재입니다. 세 번째에 해당하는 교재가 '영어 소리가 포함된 영어소리-글자'로 된 것이고, 가장 나쁜 교재가 종이 책으로 된 글자로만 되어 있는 교재입니다.

가장 좋다고 하는 교재보다 더 좋은 교재가 있을 수 있습니다. 그것은 가장 좋다고 하는 콘텐츠에 그 단어의 동의어를 함께 공부할 수 있도록 만들어 놓은 교재입니다. 하나의 단어를 익히고, 이미지(개념)가 같은 동의어를 여러 개 소리와 글자로 함께 공부할 수 있도록 만든 교재는 일석삼조의 효과를 갖게 합니다. 다음 그림과 같은 교재입니다. 그렇게 되면 단어 학습에 가장 좋은 교재의 순서는 그림 27, 그림 23, 그림 26, 그림 25, 그림 24의 순서가 됩니다.

아무리 좋은 보약이라 하더라도 먹는 사람의 건강 상태에 따라 처방되어야 보약이 되듯이 위에 나열된 교재는 공부하는 사람의 영어 상태에 따라 달라질 수 있습니다. 예를 들면 영어를 처음 시작하는 초보 학습자라면 영어 단어를 영어로 설명하는 것은 효과적이지 않겠지요. 처음 시작하는 초보 학습자에게는 이미지가 있는 교재가 가장 좋다고 할 수 있고, 이와 같은 초보자가 기본 단어 1000개 정도와 기본 문장 1000개 정도를 익힌 뒤부터는 영어 설명이 있는 교재나 동의어도 있는 교재를 선택하는 것이 좋습니다.

짧은 문장 또는 긴 문장에 대한 교재

문장에 대한 교재도 단어와 같은데 문장은 장면에 대한 이미지가 있을

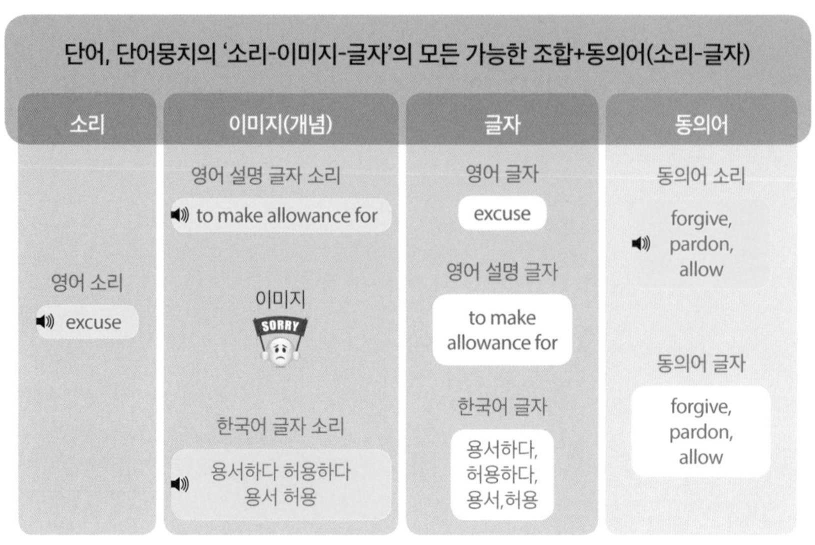

그림 27 단어 학습에 가장 좋은 교재: 영어 단어 모든 조합 + 동의어로 된 IT 앱 교재

수 있습니다. 그 장면이 영상처럼 연결되어 포착될 수 있기 때문에 문장에 대한 교재로 영화 드라마가 좋을 수 있습니다. 아래 그림이 문장에 대한 IT 기술로 된 가장 좋은 교재입니다.

문장에 대한 조합에서 가장 좋은 교재는 위 그림과 같이 모든 가능한 조합으로 된 교재입니다. 드라마나 영화에서 말소리와 함께 느껴지는 장면 이미지가 문장의 소리와 이미지를 연결시키는 기억을 강하게 해줍니다. 미국 드라마나 영화를 선택하여 교재로 개발하면 위 그림과 같은 교재가 가능합니다. 여기에 IT 기술을 접목하면 짧은 문장을 소리로 활성화시키는 데 가장 좋은 교재가 될 수 있습니다.

그러나 특별히 IT 기술로 개발되지 않은 그냥 영화와 드라마를 시청하는 것은 문제가 있을 수 있습니다. 일정 양의 단어, 단어뭉치, 짧은

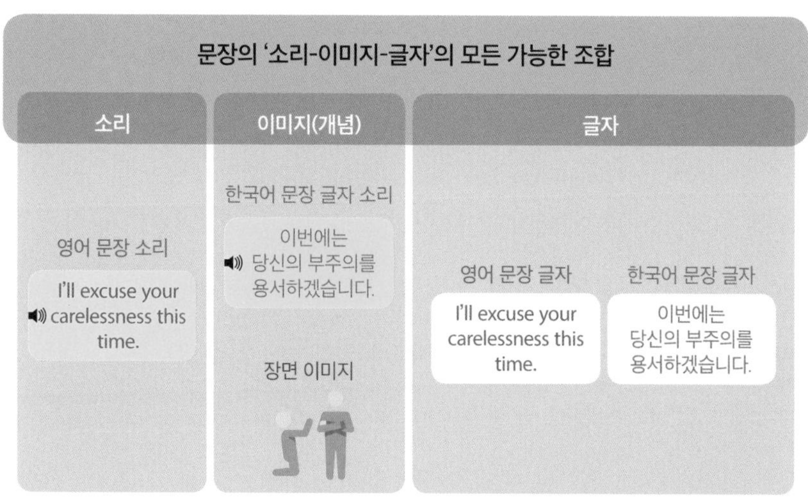

그림 28 **문장 학습에 가장 좋은 교재: 문장에 대한 '소리-이미지-글자'의 가능한 모든 조합의 IT 앱 교재**

문장을 소리로 활성화시키지 않은 초보 학습자가 미국 드라마나 영화를 교재로 하여 하루에 1~2시간의 공부시간을 정해 두고 단순히 시청하는 학습의 경우에는 아무런 도움이 되지 않을 수 있습니다. 영화와 드라마를 가공하지 않은 채 그대로 교재로 사용하기에는 문제가 있을 수 있습니다.

시청할 때 한글 자막을 보며 시청해야 할 터인데 이것이 영어 공부에 도움이 될까요? 한글 자막을 보지 않고 시청하는 것이 도움이 될까요? 아니면 영어 자막을 보며 시청하는 것이 도움이 될까요? 여러분은 어떻게 생각하시나요?

하지만 어린 아이들이 자기가 좋아하는 어린이 애니메이션이나 영화를 하루 종일 보며 즐길 수 있게 해 준다면 영어의 소리를 활성화시키는 데 이보다 더 좋은 교재는 없습니다. 물론 이때 자막 없이 시청하게 하여야 합니다. 초등학교 시절에 미국이나 영국 등 영어 사용국가에 부모를 따라 가서 학교를 다니게 된 아이들의 거의 모두가 학교를 마치고 집에 와서는 TV에 나오는 어린이 애니메이션이나 어린이 영화를 하루 종일 봅니다. 이 아이들의 소리가 활성화되는 데 가장 크게 기여하는 교재가 이때 집에 와서 보는 TV 애니메이션과 어린이 영화입니다. 사실 학교에 가면 하루 종일 말을 알아들을 수도 없고, 말을 할 수도 없으니 아이 입장에서는 얼마나 답답하겠습니까?

저는 이 아이들이 집에 와서 TV를 보는 행위를 이렇게 해석합니다. 생존을 위해 자신의 에너지를 모두 쏟아서 TV를 보는 것이라고 해석합니다. 이렇게 1년 정도 지나면 이 아이들은 학교에 가서 말도 하고, 친구들과 놀이도 하고 선생님과 대화를 하는 수준에 도달합니다. 이 아이들의 소리 활성화 교재는 TV 속 애니메이션과 영화라 해도 과언이 아닙니다. 그만큼 좋은 교재가 될 수 있습니다. 장면 이미지와 소리를 연결시키기 때문입니다. 저는 한국에서도 이것이 가능하다고 생각하지만 여러 변수를 고려해야 하므로 간단히 단언하는 것은 무리가 있습니다. 조건이 다른 것이 하나 있을 수 있다면 미국이나 영국 등에서는 학교에 가서도 소리를 듣고 몸으로 소리와 장면이 직접 부딪히는 시간을 계속 갖는다는 것입니다. 한국에서는 그것이 없는 것이 다른 조건이 되어 단언할 수 없다는 것입니다. 하지만 아이가 즐겨서 보는 것이라면 아이들에게는 반드시 소리 활성화에 효과가 있고 가장 좋은 교재가 될 것이라고 추론할 수 있습니다.

장면 이미지를 넣을 수 없는 경우의 교재는 아래 그림과 같습니다.

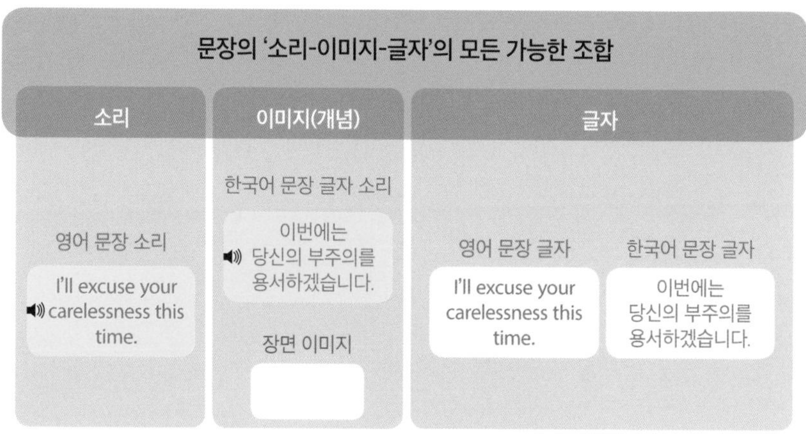

그림 29 문장 학습에 좋은 교재: 장면 이미지가 없는 IT 앱 교재
장면 이미지를 제외한 문장에 대한 가능한 모든 조합의 IT 앱 교재

문장에 대한 종이 책으로 된 교재는 아래 그림과 같습니다. 가장 안 좋은 교재이지요.

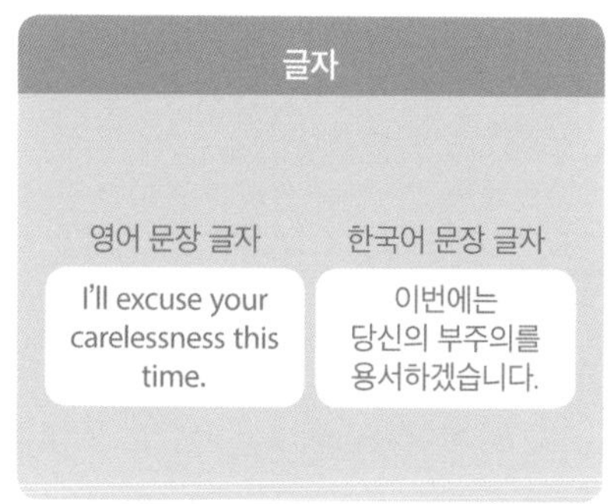

그림 30 문장에 대한 글자로만 된 종이 책 교재

종이 책 교재에 영어 문장 글자의 소리만 포함되면 아래 그림과 같습니다.

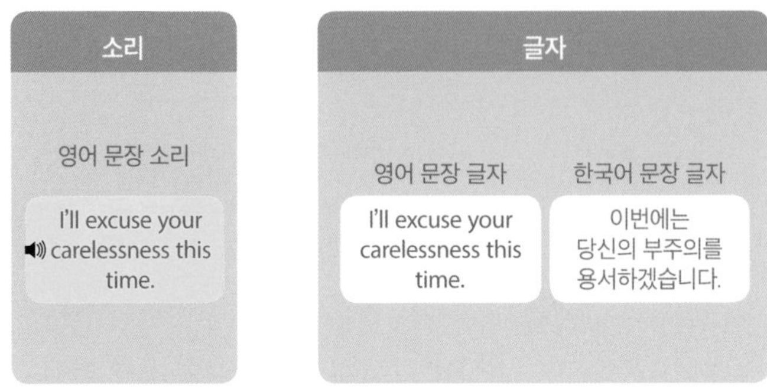

그림 31 영어 문장 소리-글자로 된 IT 앱 교재

문장을 학습하는 데 가장 좋은 교재는 장면 이미지가 있는 가능한 모든 조합의 IT 앱 교재이고, 두 번째로 좋은 교재가 여기에서 장면 이미지만 빠져 있는 교재가 됩니다. 세 번째가 그림 31과 같은 것이고 유튜브에 있는 많은 영어 학습 영상들이 여기에 해당됩니다. 가장 나쁜 교재가 글자로만 된 종이 책 교재입니다. 문장 학습에서 가장 좋은 교재의 순서는 그림 28, 그림 29, 그림 31, 그림 30의 순서입니다.

단어, 단어뭉치 + 짧은 문장의 소리-이미지-글자가 모두 있는 교재

단어와 문장을 모두 학습하는 데 가장 좋은 교재는 그림 32와 같은 교재입니다. IT 기술로 한국어와 영어를 사용하여 소리와 글자를 이용하여 만들 수 있는 모든 조합을 가진 가장 좋은 교재라 할 수 있습니다.

이것이 가장 좋은 이유는 단순히 소리를 들려주는 것을 뛰어 넘어 영어 단어, 단어뭉치, 문장의 소리를 효율이 높게 활성화시키도록 IT 기술로 다양하게 프로그램을 짤 수 있다는 것입니다. 효율을 극대화시킬 수 있기 때문입니다.

한 예를 들어보면, 영어 단어의 뜻을 영어로 설명해 놓은 것이 소리와 글자로 모두 있습니다. 영어로 설명된 소리를 들려주며 그 설명에 해당되는 영어 단어 글자를 물어볼 수도 있고, 한국어 글자를 물어볼 수도 있고, 그 소리를 정확하게 들었는지 영어 설명 글자를 맞히도록 해 볼 수도 있고, 동의어도 물이볼 수 있습니다. 또한 영어 단어를 영어로 설명하는 데는 4~10개 정도의 영어 단어를 사용하게 됩니다. 그러므로 짧은 문장과 같은 효과로 빠르게 듣고 이해하는 것으로 영어 소리의 동기화를 훈련할 수도 있습니다. 그 외에도 IT 프로그램으로 다양한 소리를 배합하여 소리를 활성화시키고, 소리를 동기화시키는 효과를 극대화시킬 수 있는 구조가 다음 그림과 같은 구조의 교재가 됩니다.

그림 32 단어, 동의어, 짧은 문장의 '소리-이미지-글자'가 모두 있는 가장 좋은 IT 앱 교재

앞으로는 이 책의 내용을 기반으로 많은 좋은 교재가 개발되기를 바랍니다.

2

소리를 어떻게 기억시키는가?

영어를 말하는 속도를 분석하여 보면 1초에 2~3단어를 소리 내면서 말하는 속도를 필요로 합니다. 참조 3, 6 저는 이것을 **'말을 할 때에 필요한 시간당 단어 개수 발성 조건'**이라 부르겠습니다.

중요한 것은 1초에 2~3단어라는 시간당 단어 개수 발성의 조건이 말을 할 때에는 반드시 지켜져야 하는 절대 조건이라는 것입니다. 사람마다 어느 정도의 차이는 있을 수 있습니다. 그러나 시간당 단어 개수 발성 조건이 정상적인 속도 범위를 크게 벗어나면 말을 알아들을 수 없게 됩니다. 너무 빠른 랩도 무슨 소리인지 알아듣기 어렵고, 너무 느리게 하는 말도 듣는 것이 불편합니다. 녹음 재생 기능에서 1.5배속보다 빠르게 재생시켜도 불편하고, 0.5배속보다 느리게 재생시켜도 불편합니다. 이것은 여러분이 직접 확인할 수 있는 내용입니다.

사람이 말할 때에는 아무리 빨리 말해도 생물학적인 한계 조건이 있습니다. 1음절에 0.1초의 한계 조건입니다. 그러므로 1초에 10음절 이상을 발성하는 것은 어렵습니다. 그러므로 아무리 빠른 래퍼라 해도 '나는 1초에 10음절이상 말할 수 있어'라는 15음절로 된 말을 1초에 말하기 어렵습니다. 1.5초가 필요합니다. 그러나 느리게 말하는 것은 얼마든지 느리게 말할 수 있습니다. 1분에 단어 하나씩 말할 수도 있으니까요. 이렇게 말하는 경우는 대화라 할 수 없습니다. 대화를 하려면 반드시 시간당 단어 개수 발성 조건은 지켜져야 하겠지요.

생물학적으로 진화를 하면서 사람들이 이런 속도의 말하는 소리를 구별할 수 있도록 소리 분해능력을 갖게 되었고, 이런 속도로 발성할 수 있도록 뇌와 구강의 연동 운동이 가능하게 된 것입니다. 물론 이것은 저절로 습득되는 능력이 아닙니다. 유아기의 4~5년 동안의 뇌와 구강의 연동 운동 훈련을 통해서 습득되는 능력입니다. 몇 년 동안의 훈련을 반드시 필요로 하는 능력입니다.

골프에서 정교한 샷을 하려면 많은 훈련이 필요합니다. 골프뿐만 아니라 모든 스포츠에서 정교한 기술은 많은 훈련을 필요로 합니다. 마찬가지로 발성에서 분해도가 높은 정교한 소리를 내려면 그 소리에 대한 반복적인 구강 근육 훈련이 필요합니다. 예를 들면, 한국에서 경상도 사람들 중 '쌀'을 제대로 소리내지 못하고 '살'이라고 소리 내는 사람들이 있습니다. 어렸을 때부터 주변 사람들이 소리 내는 '살'이라는 소리만 듣고 그대로 따라 소리 내어 왔기 때문입니다. '쌀'이라는 소리의 구강 훈련이 안되어 있기 때문입니다.

그러므로 영어의 소리를 활성화시키는 훈련은 단순히 소리를 외우는 것이 아니라 뇌의 시각영역, 청각영역, 언어영역, 기억중추영역과 구강 운동을 연결하는 훈련을 통하여 외우기를 하는 것입니다. 각 영역을 연결하면서 외우기 훈련을 하는 것이 소리 활성화 훈련입니다. 그 단계별 과정은 이렇습니다.

❶ 1초에 2~4단어의 속도를 갖는 영어 원어민의 단어, 단어뭉치, 짧은 문장의 소리가 있는 '보카팟 ABC'와 같은 IT 교재를 준비합니다. 영어를 처음 배우는 사람들을 위하여 알아듣기 좋게 한다는 목적으로 의도적으로 또박또박 천천히 말하며 녹음된 소리의 교재는 주변에 소리가 없어 어쩔 수 없는 경우를 제외하면 될 수 있는 대로 사용하지 않는 것이 좋습니다. 자연스럽게 원어민들끼리 주고받는 대화의 분위기와 속도로 녹음된 소리의 교재가 가장 좋습니다.

❷ 교재의 영어 소리를 재생시켜 듣습니다. 이미지(개념)의 소리를 함께 듣습니다. 소리-이미지(개념) 부분을 소리로 듣는 것입니다.

❸ 들리는 소리를 그대로 따라 소리 냅니다. 소리의 연음과 강세와 리듬과 속도를 똑같이 따라 하여 소리 냅니다. 소리가 포함하고 있는 느낌과 감정을 실어 똑같이 소리 냅니다. 소리의 음질이 좋지 않아 소리를 정확하게 들을 수 없다면 영어 글자의 도움을 받아 영어 글자-영어 소리를 생각하여 소리를 따라 합니다. 이것이 글자의 도움을 받는 경우이고, 글자와 소리를 함께 배우는 제3의 환경에서 필요한 방법입니다. 영어의 소리만으로 소리를 따라 할 수 없을 때 영어 글자를 보며 소리를 생각하며 들은 소리를 정확하게 소리 내는 것입니다.

❹ 이렇게 원어민 소리를 들으면서 이미지(개념)를 연상하고 자신

의 입으로 소리를 따라 내며, 동시에 자기 소리를 듣고 이미지를 떠올리며 소리와 구강 운동의 기억을 함께 외우는 것입니다. 뇌의 각 영역을 활성화시키면서 채널이 연결되도록 외우는 것입니다. 영상이 있어 몸짓(제스처)을 볼 수 있다면 몸짓도 그대로 따라 하는 것이 좋습니다. 제스처(몸짓)를 함께 하면 그 소리가 갖는 느낌이 더 크게 살아나고, 뇌의 영역 연결이 더 크게 일어나기 때문입니다. 이렇게 소리를 따라 소리 내면서 외우면 그 소리의 이미지가 빠르게(0.1~0.3초) 뇌리를 스쳐 기억되는 훈련이 됩니다. 이렇게 소리를 따라 내면서 이미지를 떠올리면서 소리를 외우는 목적은 이미지가 빠르게 뇌리를 스쳐 지나가도록 연결시키려는 것입니다. 뇌의 각 영역을 활성화시키는 것이고, 소리를 듣고 곧바로 이미지로 연결되도록 훈련시키려는 것입니다.

❺ 영어 소리를 총 100회 이상 이미지를 떠올리며 소리를 따라 내며 외워야 합니다. 1000회도 좋습니다. 많으면 많을수록 활성화 상태가 좋아집니다. 원어민의 소리를 똑같이 따라 내는 것은 속도가 중요하기 때문입니다. 기억도 중요하지만 강세와 리듬과 연결음의 말소리 속도가 더 중요하기 때문에 반드시 똑같이 흉내 내듯이 따라 소리 내야 합니다.

❻ 단어, 단어뭉치, 짧은 문장의 소리 활성화 순서는 짧은 문장에 나오는 단어를 먼저 익히고, 단어뭉치를 다음으로 익히고, 마지막으로 짧은 문장을 익히는 순서가 되겠지요.

❼ 이렇게 외우는 단어, 단어뭉치, 짧은 문장 소리의 수량이 모두 각각 1000~3000개가 되도록 공부합니다. 이 수량이 임계 수량입니다. 소

리를 외우는 훈련이 이 정도의 충분한 양이 되면 소리 활성화 상태의 변화가 일어나는 임계 상태가 됩니다. **뇌의 시각영역, 청각영역, 언어영역, 기억중추영역과 구강 운동을 연결하는 채널이 이렇게 훈련된 그 소리에 항상 열려 연결되는 상태가 됩니다.**

❽ 소리 활성화는 단어, 단어뭉치, 짧은 문장의 소리에 대한 것으로 이것들이 뇌의 시각영역, 청각영역, 언어영역과 기억중추영역에 채널로 연결되어 기억되어 있는 상태이며, 이것들의 소리를 들으면 곧바로 이미지로 연결하여 뜻을 알 수 있는 활성화된 상태를 말합니다.

소리 동기화는 활성화된 단어, 단어뭉치, 짧은 문장들이 조합되어 새롭고 다양한 말들이 계속 이어져 들려올 때 그 단어, 단어뭉치, 짧은 문장이 조합된 말소리가 말의 속도에 동기화되어 말을 놓치지 않고 계속 알아들을 수 있도록 단어, 단어뭉치, 짧은 문장의 소리가 뇌 속에서 시간과 속도에 연속적인 반응을 할 수 있는 상태를 말합니다.

결국, ❶~❼의 훈련은 소리 활성화와 소리 동기화를 위한 훈련이 되는 것이지요. 그 핵심이 원어민의 소리를 수도 없이 반복하여 똑같이 따라 소리 낸다는 아주 단순한 방법인 것입니다. 다만 이 단순한 방법을 어떻게 하면 조금이라도 덜 지루하게 훈련할 수 있을 것인가의 문제가 좋은 교재를 개발하는 사람들에게 달려 있는 것입니다. 아니면 끈기 있는 학습자에게 달려 있을 수도 있고요.

사운드 투 이미지 트레이닝(sound to image training)

만약 교재에 영상이 있고, 영상을 보면서 어떤 상황의 이미지가 한 컷으로 묘사되고, 그 이미지를 표현하는 소리가 짧은 문장의 소리로 표현되면 그 소리와 한 컷의 이미지를 함께 기억하는 것이 가장 좋습니다. 단어도 그렇고 단어뭉치도 마찬가지입니다.

그러나 사진으로 찍을 수 있는 명사들을 제외하면 이미지로 쉽게 표현되는 단어, 단어뭉치, 짧은 문장은 그렇게 많지 않습니다. 대부분 머리 속에서 상상되는 여러 컷의 이미지가 연결된 하나의 이미지들입니다. 이런 경우의 영어 소리 이미지는 한국어 글자(뜻)의 도움을 받는 것이 효율적입니다. 더 좋은 것은 한국어 글자의 도움보다는 한국어 글자 소리의 도움이 훨씬 효과적입니다. 그렇기 때문에 좋은 교재에는 한국어 글자의 소리를 갖고 있습니다. 한국 성우가 한국어의 단어 뜻이나 문장의 뜻을 좋은 목소리로 녹음하여, 다양하게 활용하도록 되어 있지요.

이와 같이 한 컷의 그림으로 이미지가 잡히지 않을 때에는 한국어 글자(뜻) 소리로 그 이미지를 영어 소리와 함께 기억시킵니다. 한국어 글자(뜻) 소리를 듣고 자신의 머리 속에 있는 한국어 글자(뜻)로 된 이미지를 활용해야 합니다. 한국어 글자의 뜻을 모르는 사람은 이미지를 기억시킬 수 없게 됩니다.

그러므로 한국어가 완전히 자리잡지 않은 유아들에게 제3의 환경에서 영어를 가르치는 것은 좋은 방법이 아닙니다. 한국어의 글자와 소리가 완성되어 있고, 한국어의 단어, 단어뭉치, 짧은 문장의 그림들이 충분히 습득되어 있는 아이들이 그 수준만큼의 영어를 습득할 수 있습니다. 제 3의 환경에서는 글자의 도움도 받아야 하기 때문에 영어를 배우는 한국 사람이 한국어 수준 이상의 영어를 습득할 수 없습니다.

여기에서 중요한 포인트가 있습니다. 한국어 글자의 도움을 받아 영어의 소리에 해당하는 뜻을 기억할 때에 한국어 글자 자체를 그대로 기억하려고 하면 녹지 않은 얼음 조각을 보관하는 것과 같습니다. 그러므로 한국어 글자 소리를 듣는 것이 한국어 글자를 보는 것보다 효과적이라는 것입니다.

한국어 글자를 그대로 기억하게 되면 나중에 영어 소리를 들었을 때 한국어 글자가 인출됩니다. 그렇게 되면 한국어 글자를 다시 이미지로 바꾸어야 하므로 시간을 맞출 수 없습니다. 시간 동기화가 안되어 소리를 놓치게 됩니다. 그러나 한국어 성우가 들려주는 한국어 소리를 뜻으로 기억한 사람은 영어 소리를 들으면 곧바로 뜻으로 인출됩니다. 시간 동기화를 맞출 수 있는 확률이 한국어 글자보다 한국어 글자 소리가 훨씬 높습니다.

반드시 소리를 낼 때마다 한국어 글자(뜻) 소리가 갖는 이미지를 떠올리며 기억시켜야 합니다. 한국어 소리의 이미지(개념)를 떠올리며 기억하는 것은 얼음을 녹인 물을 저장하는 것과 같습니다. 물의 유연성처럼 한국어 소리의 이미지(개념) 유연성이 작동하여 비슷한 이미지들을 끌어들여 함께 저장할 수 있습니다. 그러므로 영어 소리를 들었을 때 한국어 글자 소리의 이미지(개념)와 함께 저장된 것들이 꺼내지는 효과가 있습니다.

예를 들어 'fire'라는 소리를 듣고 한국어 글자로 '불, 화재'이라고만 기억한 사람과 한국어 글자 소리 불, 화재 로 기억한 사람은 다릅니다. 한국어 글자 소리로 기억한 사람에게는 불, 화재 불, 화재 = 와 같이 한국어 글자 소리와 이미지 동체효과가 되어 있기 때문에 아래 그림과 같은 차이가 있습니다. 한국어 글자 '불, 화재'로 기억한 사람은 '불, 화재' 그 자체가 뜻이라고 생각할 수 있지만 그렇지 않습니다. 그 자체는 그냥 글자일 뿐입니다. 한국어 글자와 연동된 관련 이미지들을 끄집어내야 그 때 비로소 이미지가 됩니다.

그리고 글자는 얼음처럼 고정되어 있어서 유연성이 없습니다. 'fire' 소리를 들을 때 항상 한국어 글자로 '불, 화재'만 꺼내어 맞춰보며 이해하려고 합니다. 'fire'란 글자를 읽으며 해석을 할 때에도 항상 한국어 글자로 '불, 화재'만 꺼내어 맞춰보며 번역을 하려고 합니다. 유연성도 없고 확장성도 없습니다. 영어의 소리와 그 뜻을 한국어 글자로 기억하는 방법은 좋은 방법이 아닙니다. 제3의 환경에서는 피할 수 없는 경우이지만 그나마 영어의 소리와 그 뜻을 한국어 소리로 기억하는 방법이 조금 더 효과적이라는 것입니다. 이런 이유들로 '소리 활성화를 위한 교재의 선택'에서 좋은 교재의 순서가 있게 된 것이지요.

실제로 이미지는 사물을 나타내는 명사를 제외하면 대부분은 추상

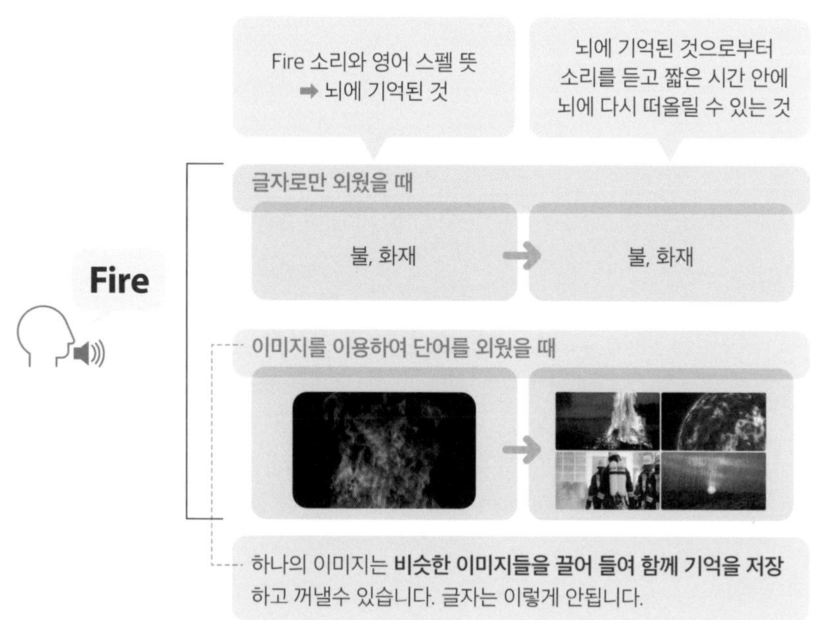

그림 33 영어의 짧은 말소리 뜻을 한국어 글자로 기억시킨 것과 이미지로 기억시킨 것의 차이점

적이므로 한 컷 사진으로 표현할 수 없습니다. 자신의 머리 속에서 스스로 그려낼 수밖에 없습니다. 한 컷이 아닌 여러 컷의 동적 이미지가 될 수도 있고, 느낌과 추상적인 것이 대부분입니다. 그러므로 한국어 소리의 뜻이 갖는 이미지를 끄집어내면서 영어의 소리와 그것에 대응되는 이미지를 직접 연결시키면서 기억시키는 훈련을 해야 한다고 앞에서 이야기했지요.

이렇게 영어 소리를 따라 내면서 소리와 이미지(뜻)와 영어 글자를 뇌와 입 근육 운동으로 기억시킵니다.

영어 소리를 따라 하는 방법에는 '직따'와 '간따'의 두 가지가 있습니다. 흔히 '직따'는 섀도잉(shadowing)이라고도 합니다.

직따 = 직접 발성으로 따라하기: 입으로 직접 소리를 따라 내는 것입니다.

간따 = 간접 발성으로 따라하기: 마음속으로 소리를 따라 내는 것입니다.

'간따'는 매우 중요한 것으로 영어의 소리가 충분히 활성화되고 동기화된 상태에서는 뉴스나 드라마에서 나오는 영어의 소리를 자신도 모르게 간접 발성으로 마음속에서 따라 소리내면서 그 의미를 파악하게 됩니다. 사실 이 단계가 되면 여러분은 이 놀라운 현상에 탄성을 지르게 됩니다.

미국 원어민, 영국 원어민, 인도계 영어 사용자, 아랍계 영어 사용자, 프랑스계 영어 사용자, 모두들 각양각색의 어조로 영어를 말하지만 그 소리를 들을 때에는 자신의 마음속에서 자신만의 소리로 빠르게 따라 해 보면서 그 뜻을 파악합니다. 이것은 한국인이 한글을 읽을 때 자신도 모르게 마음속에서 자신만의 내면의 소리로 한글을 간접 발성으로 읽으면서 그 뜻을 파악하는 것과 같은 현상입니다.

한글을 읽을 때 우리는 '간따'로, 즉 간접 발성으로 글을 읽으며 뜻을 파악합니다. 그때 모르는 단어가 나와도 간접 발성의 소리는 내지만 그 단어의 뜻은 모르고 넘어갑니다. 전체 맥락을 파악하는 데 한두 단어는 영향을 미치지 않기 때문입니다. 단어 한두 개의 뜻을 몰라도 전체 맥락을 이해하는 데 필요한 충분한 단어와 단어뭉치나 문장을 이해하고 있으면 글의 전체 맥락은 이해할 수 있습니다. 마찬가지로 뉴스나 드라마에 나오는 영어의 소리를 들을 때 간접 발성으로 자신의 소리로 빠르게 따라 내면서 알고 있는 단어와 단어뭉치, 문장들을 이용하여 전체 맥락을 이해하게 됩니다.

이렇듯 간따 현상은 최종적으로 영어의 소리가 충분히 활성화되고 동기화된 사람들에게 일어나는 현상입니다. 여기에 도달하려면 직따 훈련을 부지런히 하면서 간따 능력을 향상시켜가야 합니다. 직따 훈련을 많이 하면 저절로 간따 효과가 생깁니다. 또는 직접 발성을 못하는 상황에서는 간접 발성으로 따라 하기를 해야 합니다.

영어의 산을 정복한 뒤에 일어나는 이와 같은 간접 발성의 따라하기 현상은 직따와 간따 훈련이 충분히 쌓여 소리가 활성화되고 동기화되기 전에는 경험할 수 없는 매우 놀라운 현상이고 이 책을 읽는 여러분 모두 경험하기를 바랍니다.

단어 1개, 단어뭉치 1개, 짧은 문장 1개 모두 각각 100번씩 직접 발성을 해야 한다는 원칙을 갖고 훈련해야 합니다. 직접 발성 훈련이 100번을 넘으면 간접 발성도 훈련 회수에 포함시켜 모든 짧은 말을 100~300번 연습 훈련한다는 원칙을 세웁니다. 이때 100~300번의 반복 훈련에서 한 번에 100~300번 소리 내는 것은 효과적이지 못합니다. 훈련 시간을 나누는 것이 효과적입니다. 예를 들면 오늘 'fire'란 단어를 50번 소리 내는 훈련을 했다면 내일이나 모레 또는 며칠 뒤에 'fire'를 50번 훈련하여 총 100번이 되는 것이 훨씬 효과적입니다. 시간 간격을 여러 번 나누어 훈련할수록 기억 효과는 커집니다. 단기 기억을 장기 기억으로 변환시켜 저장하는 데는 일정 시간 간격 분할 기억 훈련이 훨씬 효과적이기 때문입니다.

이렇게 영어의 소리를 들으면 그 이미지가 순식간에 떠오르도록 자신의 입으로 따라 소리 내면서 훈련해야 합니다. 이것이 사운드 투 이미지 트레이닝입니다. 소리를 들으면 곧바로 이미지(개념)로 변환할 수 있는 훈련이지요.

이미지 투 사운드 트레이닝(image to sound training)

이미지를 떠올리면서 영어의 소리를 연음과 강세와 리듬을 갖는 원어민이 냈던 똑같이 빠른 소리로 반복하여 발성하는 훈련입니다. 이것이 이미지 투 사운드 트레이닝입니다. 이 훈련은 자신이 공부하였던 단어, 단어뭉치, 짧은 문장의 소리를 자신의 것으로 만드는 마지막 단계입니다.

원어민들도 나름대로 각자의 강세와 리듬을 가지며 말을 합니다.

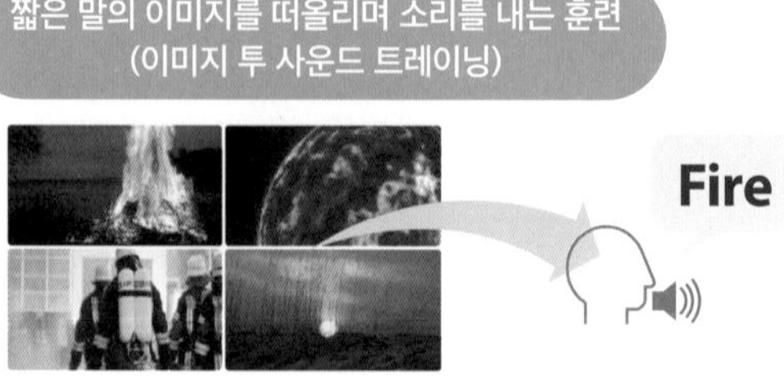

그림 34 이미지를 떠올리며 소리를 내는 이미지 투 사운드 트레이닝

말을 할 때 각자의 느낌과 감정이 실린 소리의 리듬이 되기 때문입니다. 특히 짧은 문장의 소리를 말할 때에는 1~2초 사이에 빠르게 자신의 강세와 리듬으로 자기의 말소리를 내는 것입니다. 짧은 문장의 소리가 갖는 이미지와 느낌을 자기 감정으로 소리 내는 것입니다. 이미지 투 사운드 트레이닝으로 단어, 단어뭉치, 짧은 문장의 소리 활성화 훈련을 마무리하여야 합니다. 이미지 투 사운드 트레이닝 훈련에서 영어 글자도 함께 떠올리는 훈련을 하면 더욱 좋습니다. 영어 소리와 영어 글자의 관계를 함께 익힐 수 있기 때문입니다. 이론이 아닌 실전 속에서 파닉스(영어의 소리와 글자의 관계를 가르치는 교수법과 내용)를 익히게 되는 것입니다.

사운드 투 사운드 트레이닝(sound to sound training)

단어, 단어뭉치, 짧은 문장 소리에 대한 사운드 투 이미지 트레이닝과 이미지 투 사운드 트레이닝을 완벽하게 마치면 뇌 속에 저장되는 상태는 파동 소리와 이미지가 한 몸 덩어리가 된 완전 동체 참조 3 가 됩니다. 이미지가 곧 소리요, 소리가 곧 이미지가 됩니다.

이렇게 파동 소리와 이미지를 동체화 시켜야 하는 이유가 있습니다. 그 이유는 소리 파동과 이미지가 동체가 되어야 소리로 이미지를 순식간에 꺼낼 수 있고, 소리와 이미지가 동체가 되어야 소리 동기화 현상이 일어나기 때문입니다.

이렇게 소리가 활성화된 단어, 단어뭉치, 짧은 문장의 개수가 3000개를 넘고, 이것들로 된 다양한 말소리들이 동기화되는 훈련을 하게 되면 그 과정 동안 사운드 투 이미지 트레이닝과 이미지 투 사운드 트레이닝을 충분히 한 상태가 됩니다. 그러면 소리를 듣고 똑같이 소리 낼 수 있는 사운드 투 사운드 능력이 생깁니다. 중간 매개인 이미지가 없어 소리를 듣고 무슨 뜻인지 몰라도 그 소리와 똑같은 소리를 낼 수 있게 됩니다.

이 상태가 소리가 완벽히 활성화된 상태입니다. 다음 그림 35, 36이

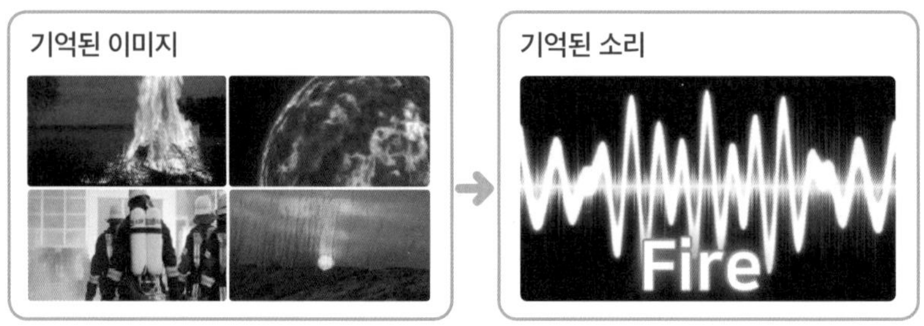

그림 35 기억된 이미지가 파동 소리로 기억됨(소리가 활성화됨)

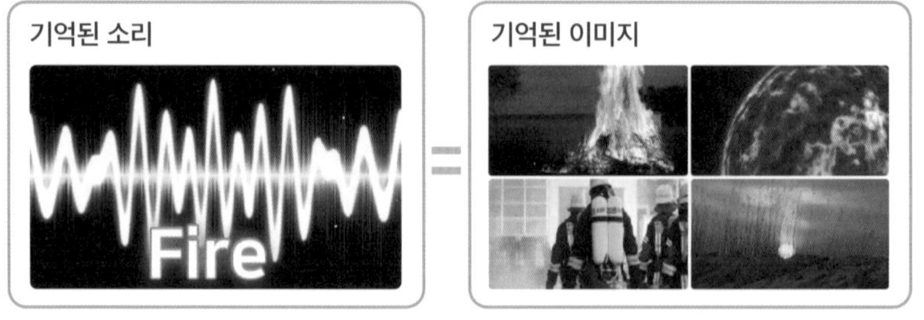

그림 36 기억된 파동 소리와 기억된 이미지가 완전 동체가 됨(소리가 활성화됨)

소리와 이미지가 동체가 되어 활성화되는 과정을 표현한 것입니다.

그러므로 소리 활성화 상태를 다시 말하면 다음 두 가지가 모두 달성된 상태라 정의할 수 있습니다.

'소리 활성화 상태'는 **사운드 투 이미지 트레이닝**과 **이미지 투 사운드 트레이닝**을 통하여 소리 파동과 이미지가 한 몸으로 완전 동체가 된 모습으로 뇌 속에 기억된 상태를 말합니다.

사운드 투 사운드 능력으로 영어의 소리를 듣고 그 소리를 똑같이 따라 낼 수 있는 상태를 말합니다.

글자를 함께 배웠다면 그 소리의 뜻은 몰라도 글자를 추측할 수 있는 상태를 말합니다. 영어의 소리와 글자가 많이 다르므로 추측한 글자가 그 소리와 완전히 일치하지 않을 수 있지만 비슷하게 추측할 수 있는 상태를 말합니다.

결국, 영어의 소리 활성화 과정은 단어와 단어뭉치, 그리고 짧은 문장들을 이미지(뜻, 의미 또는 개념)와 소리로 뇌 속에 완전 동체로 기억시켜가는 과정입니다. 이 짧은 말(단어, 단어뭉치, 짧은 문장)의 수량을 계속해서 늘려가는 과정입니다. 이 수량이 각각 1000~3000개에 달하면 영어 소리를 들을 때의 상태가 변하는 임계상태가 되는 것입니다. 얼음이 물로 바뀌면서, 그 물의 양이 일정량에 이르러 영어라는 말소리를 요리할 수 있는 정도의 양이 되었다고 비유할 수 있습니다.

3

어떻게 영어 말을 알아듣고, 영어 말을 할 수 있을까?

뇌 속에 기억된 정보를 꺼내는 것을 인출한다고 말합니다. '꺼내는 행위 = 인출'로 같은 말입니다. 은행 계좌에서 현금을 꺼낼 때 현금을 인출한다고 말하지요. 은행 계좌에 돈이 잘 보관되어 있고 이체와 인출이 잘 작동하는지 확인하는 방법은 여러 가지가 있을 수 있습니다. 그러나 뇌 속에 기억된 짧은 말소리가 잘 보관되었는지 잘 작동하는지 확인하는 방법은 오직 한 가지입니다. 꺼내 보는 것입니다. 그것도 0.3초 이내에 빠르게 인출되는지 꺼내 보는 것입니다. 보관되어 있지 않거나 보관되어 있다 하여도 0.3초 이내로 빨리 인출되지 않으면 활성화가 안된 상태이기 때문입니다.

기억된 짧은 말을 꺼내는 방법은 두 가지가 있습니다. 듣고 무슨 말인지 이해하는 것이 하나요, 생각하고 말하는 것이 둘입니다. 간단히 '듣고 말하기'입니다. 듣고 이해하는 것도, 생각하고 말하는 것도 기억을 꺼내야 되는 것입니다. 우리가 말을 듣고 말을 하는 행위는 기억된 것을 서로 다른 두 가지 방식으로 인출하는 행위인 것이지요.

단어, 단어뭉치, 짧은 문장의 소리를 듣고 이해하는 모습

소리를 듣고 무슨 말인지 이해하려면 그 소리와 함께 기억된 이미지를 끌어내야 합니다. 이미지는 의미와 개념의 최초 모습인 원형이고, 이미지에 뜻과 의미와 개념이 실려 있습니다.

이미지의 용량은 크기 때문에 0.3초 안에 인출이 안됩니다. 소리를 100~300번 반복하여 발성하면서 이미지를 떠올리면서 기억시키면 소리 파동과 이미지가 일체로 기억된다고 하였습니다. 이것이 소리가 활성화된 상태라 하였지요. 이렇게 기억된 상태에서는 용량이 큰 이미지와 용량이 작은 파동 소리가 한 덩어리인 동체가 되어 있다고 하였습니다. 이렇게 되면 소리를 듣고 이미지와 일체가 된 파동을 떠올릴 수 있습니다. 이 모습을 다음 그림 37의 듣고 이해하는 인출 모습에서 보면, ②의 소리를 듣고, 이미지와 한 몸인 ③의 소리 파동을 떠올리는 것이지

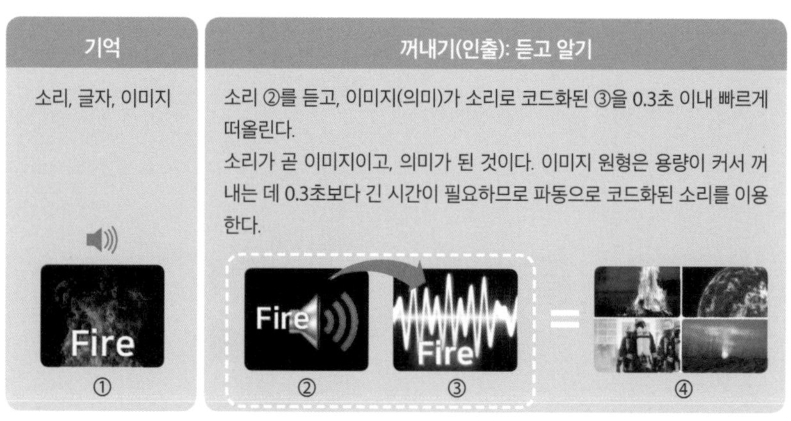

그림 37 기억된 소리를 듣고 이해하는 인출 모습

요. 소리 파동은 용량이 작으므로 0.3초 이내로 빠르게 스쳐 지나가지만 파동이 이미지의 의미와 개념을 담고 있기 때문에 무슨 말인지 알아들으면서 말을 계속 들을 수 있게 되는 것이지요. 이것이 말을 알아듣는 모습입니다.

단어, 단어뭉치, 짧은 문장의 이미지를 생각하고 말하는 모습

생각하고 말하는 과정은 이미지를 떠올리면 그 이미지에 해당되는 기억된 파동의 소리를 꺼내되 반드시 구강 근육의 기억과 함께 꺼내야 합니다. 이 모습을 다음 그림 38의 생각한대로 말하는 인출 모습에서 보면, ④의 이미지를 떠올리면서 그 이미지의 개념에 해당되는 소리 파동 ③을 구강 근육을 이용하여 ②와 같이 소리로 발성합니다. 이것이 말하는 과정입니다. 생각이 빠르게 스쳐갈 때 그것의 소리 파동을 입으로 쏟아내는 것입니다.

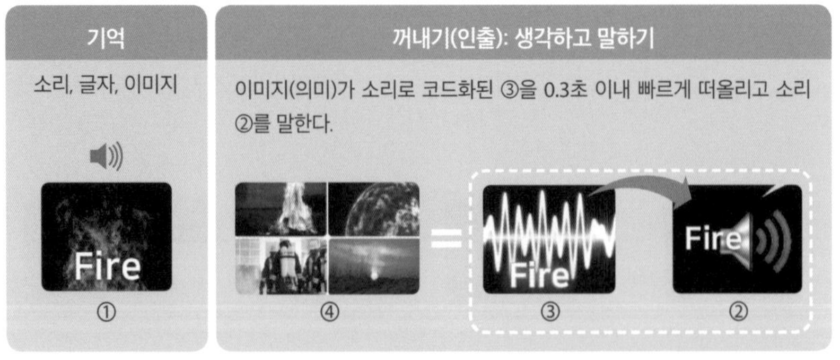

그림 38 기억된 소리를 생각한대로 말하는 인출 모습

짧은 문장 또는 긴 문장의 소리를 듣고 이해하는 모습

소리 동기화 현상은 단어, 단어뭉치, 짧은 문장의 소리가 빠르게 이어지면서 말소리가 계속 들려올 때, 들은 단어, 단어뭉치, 짧은 문장의 소리를 이미지로 순식간에 바꾸면서, 들려오는 소리를 계속해서 이미지로 바꾸어 연결시키고, 동시에 연결되는 소리의 이미지 조각들을 모아 그림으로 만들면서, 파노라마처럼 흘러가는 전체 말소리의 의미를 이해하고 알아듣는 상태를 말한다고 했습니다.

단어, 단어뭉치, 짧은 문장의 소리가 활성화되도록 훈련한 사람은 영어의 단어들이 이어지며 들려오는 긴 말소리를 들을 때 단어, 단어뭉치들을 동기화시키면서 알아듣습니다. 그러다가 소리로 활성화되어 있지 않은 특정 단어나 단어뭉치를 듣게 되면 그 단어나 단어뭉치는 빈 공백으로 모르는 채 흘러가게 됩니다.

영어의 단어, 단어뭉치, 짧은 문장의 소리가 활성화되고 동기화된 사람은 실제로 영어의 소리를 들을 때 간접 발성으로 들리는 소리를 자신의 마음속으로 소리 내면서 알아듣습니다. 바깥에서 들리는 소리를 자신의 뇌 속에 기억되어 활성화된 소리와 동기화시키면서 알아듣는 것이지요.

충분한 일정량의 단어와 단어뭉치와 짧은 문장이 소리로 활성화되고 동기화된 사람은 모르는 단어나 단어뭉치가 빈 공백으로 한두 개 나와도 전체 맥락을 알아듣는 데는 지장이 없습니다. 결국 전체 말 속에

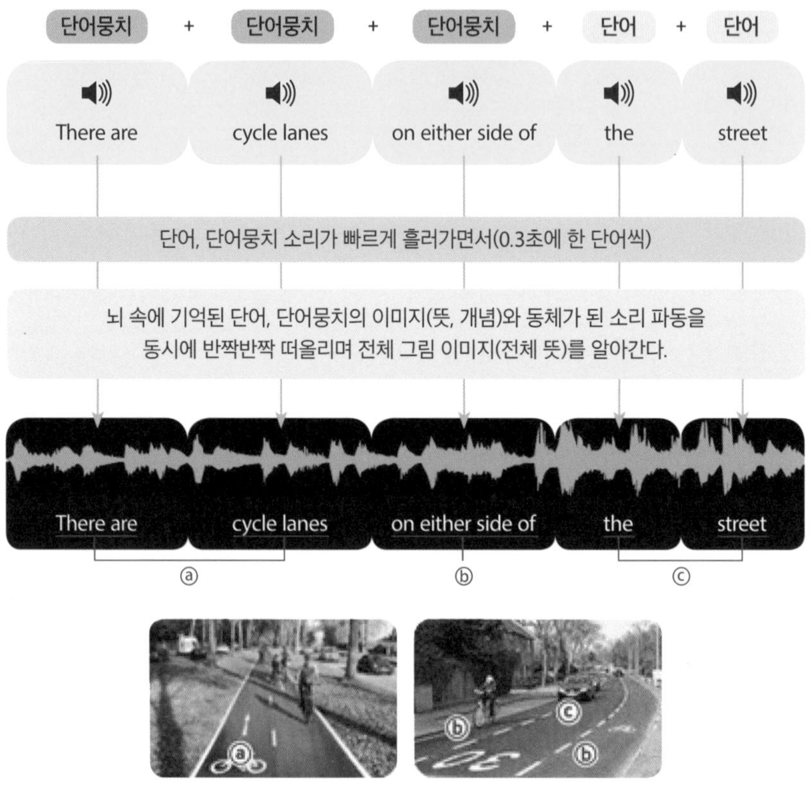

그림 39 영어 단어들이 이어지는 말소리를 듣고 말을 알아듣는 모습(소리 동기화 모습)

서 활성화된 단어나 단어뭉치의 개수가 얼마인가가 중요한 문제가 됩니다. 이것이 적어도 40%를 넘어야 전체 말의 맥락을 이해할 수 있다고 앞의 '영화 드라마에 나오는 전체 단어, 단어뭉치, 짧은 문장의 소리에서 몇 %를 알고 있어야 영화 드라마를 이해하며 볼 수 있을까?'의 그림 조

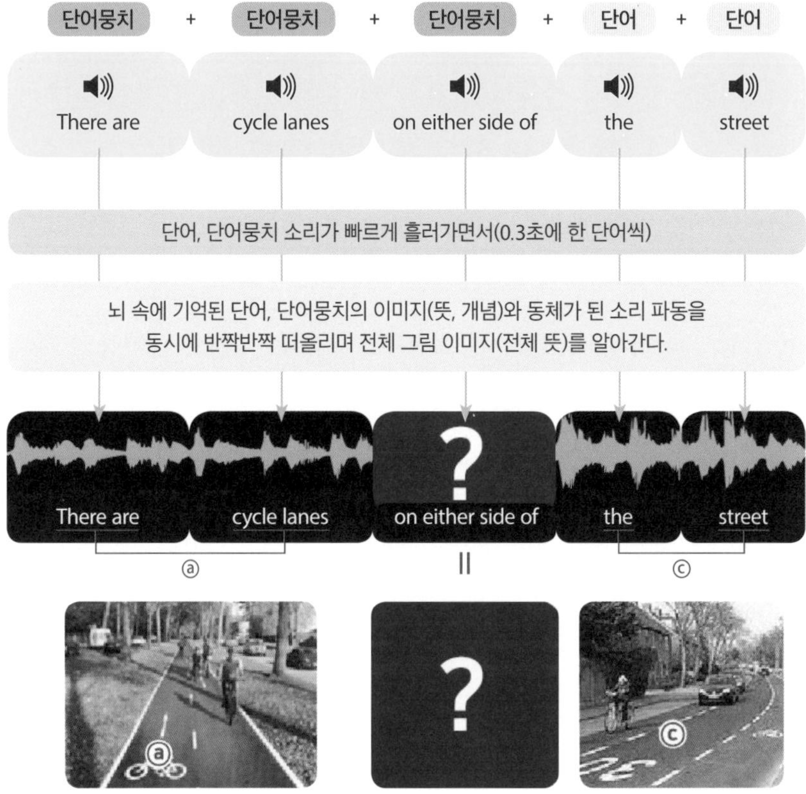

그림 40 영어 단어들이 이어지는 말소리를 들었지만 특정 단어나 단어뭉치가 활성화되어 있지 않을 때 그 단어나 단어뭉치는 빈 공백으로 흘러가는 모습

각 이해에서 설명하였습니다.

이 충분한 일정량이 얼마일까요?

4

몇 개의 단어 소리, 단어뭉치 소리, 짧은 문장 소리를 이와 같이 학습하여야 소리 활성화 상태에 도달할까?

소리 활성화 상태의 그래프는 소리로 훈련되는 단어, 단어뭉치, 짧은 문장의 수량이 일정량이 되어야 소리 활성화 임계상태에 도달하게 된다는 그래프입니다. 그 일정량은 단어, 단어뭉치, 짧은 문장이 각각 1000~3000개입니다. 이 수량을 소리 활성화 임계 수량이라 하고, 그렇

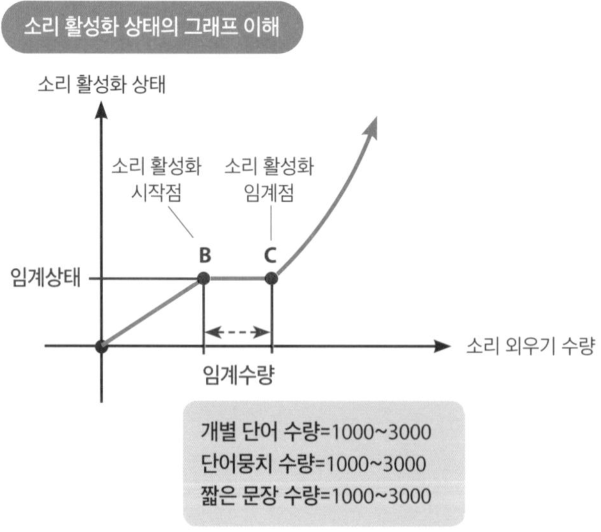

그림 41 소리 활성화 상태의 그래프

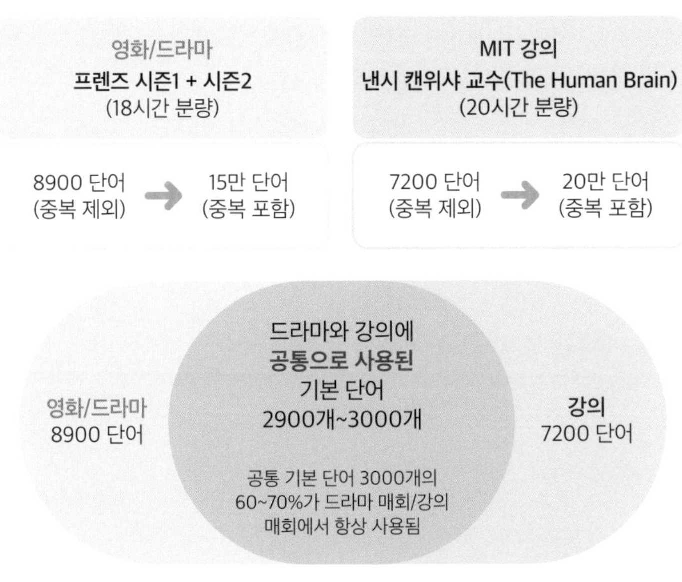

그림 1 (다시 보기) 드라마와 강의에 나오는 단어 개수

게 된 상태를 소리 활성화 임계상태라 합니다.

이 수량은 책의 시작부에서 '영화 드라마, 강의 강연에는 몇 개의 단어가 사용될까?'에서 조사했던 3000개의 수량입니다.

또한 이 수량은 우리나라에서 보통 중학교나 고등학교 영어 교육 과정까지 나오는 어휘의 수량과 일치합니다. 이것은 중고등학교 수준의 단어, 단어뭉치, 짧은 문장만으로 영어의 소리를 활성화시킬 수 있다는 뜻입니다.

몇 개의 단어, 단어뭉치, 짧은 문장을 활성화시켜야 되는가?라는 물음은 매우 중요한 질문이고, 그 답은 더욱 중요합니다.

그것은 임계 값이 얼마인가?를 묻는 질문이고 답입니다. 임계 값은 상태를 바꾸는 경로의 갈림길입니다. '불을 어느 정도 때면 얼음이 녹아 물이 되느냐? 아니면 얼음 상태로 그대로 있느냐?'와 같은 질문입니다.

얼음과 물은 상태가 다릅니다. 얼음 상태가 물의 액체 상태로 변해야 밥도 하고 목욕도 하고 빨래도 하고 자유롭게 사용할 수 있습니다. 결국 이 질문의 답이 우리가 영어를 학습할 때 노력해야 하는 시간의 양과 노력해야 하는 방향을 알려주는 것이기 때문입니다.

5

3000개의 단어, 단어뭉치, 짧은 문장을 소리 활성화시키는 데 얼마나 걸리는가?

공부 계획과 일정은 개인마다 다를 수 있으므로 여기서는 한 가지 방법을 가정해 보겠습니다. 하루에 단어 5개, 단어뭉치 5개, 짧은 문장 5개를 공부한다고 가정해 봅시다. 이것들을 각각 1000~3000개를 목표로 한다고 해 봅시다. 먼저 1000개를 목표로 된 일정을 세워보면 이렇습니다.

소리 한 개를 100번씩 듣고 소리 내면서 훈련하는 것을 원칙으로 세웁니다. 1번 소리 내는 데 3초가 걸립니다. 단어 5개, 단어뭉치 5개, 짧은 문장 5개, 총 15개를 3초씩 100번 소리 내려면 물리적으로 필요한 시간이 (15개/일)(100번/개)(3초/번) = 4500초/일 = 1시간 15분/일

와 같습니다. 하루에 1시간 15분이 필요합니다. 적어도 하루에 1시간 30분은 영어 소리 활성화 훈련에 투입해야 하는 양입니다.

이렇게 하면 단어 1000개, 단어뭉치 1000개, 짧은 문장 1000개를 훈련하는 데 200일이 필요합니다. 6~7개월이지요.

3000개를 훈련하는 데는 1년 8개월이 소요됩니다. 여유 기간을 주면 2년이 필요합니다.

이와 같은 공부계획과 일정을 세우면 3000개의 기본 소리를 활성화하는 데 2년의 물리적 시간이 필요한 것입니다.

간단히 말해 하루 1시간 30분을 영어 공부 소리 활성화 훈련에 투입하면 2년이면 영화 드라마 강연을 60% 정도 알아들을 수 있고, 자기 생각을 말할 수 있게 된다는 말입니다. 다만, 소리를 활성화시키는 것을 목적으로 만들어진 아주 좋은 IT 교재가 있고, 그것을 사용했을 때 가능한 일이라 할 수 있습니다. 또한 매일 꾸준히 노력하여 2년이라는 물리적 시간이 반드시 필요하다는 것도 결코 잊어서는 안되는 일이라 할 수 있습니다.

사소하지만 중요한 질문들 10가지

❶ 영화나 드라마를 볼 때 자막을 보면 분명히 알고 쉬운 단어들인데 왜 안 들릴까?
❷ 좋아하는 영화 드라마를 보며 어떻게 공부하면 좋을까?
❸ 영화와 드라마에 대하여
❹ 무조건 많이 듣기만 하면 듣기 능력 향상에 도움이 될까?
❺ 그림책으로 공부하는 스토리텔링?
❻ 소리를 따라 소리 내어 구강 근육에 기억시킨다는 말은?
❼ 대학생은 어떻게 공부하는 것이 효과적일까?
❽ 중고등 학생들은 어떻게 공부하는 것이 효과적일까?
❾ 초등학생은 어떻게 공부하는 것이 효과적일까?
❿ 영어를 알아듣고 말할 수 있는 상태가 되기 위하여 반드시 통과해야 하는 일곱 단계 과정?

1

영화나 드라마를 볼 때 자막을 보면 분명히 알고 쉬운 단어들인데 왜 안 들릴까?

보는 것은 눈이요, 듣는 것은 귀입니다. 시각 정보로 기억된 것과 청각 정보로 기억된 것은 다릅니다. 들린다는 것은 듣고 안다는 함축된 의미입니다. 들리는 단어는 소리가 활성화된 상태이고, 들리지 않는 단어는 소리가 활성화되지 않은 상태입니다. 이 책을 읽으신 분들은 '소리가 활성화된다'는 말을 이해하기 때문에 이렇게 간단히 말해도 이 말의 의미를 이해하실 것입니다. 소리 활성화와 동기화란 용어로 사소하지만 중요한 질문들에 대한 답들이 설명됩니다.

영화 드라마는 전체 대사의 90% 이상이 짧은 문장으로 되어 있습니다. 10개 정도의 단어로 된 것으로 2초 이내에 말이 끝나는 단어 같은 말입니다. 이 짧은 문장이 쉬운 단어로 된 말인데 들리지 않는 이유는 이렇습니다. 시각 정보인 글자로 보면 쉬운 단어들로 된 짧은 문장이 소리로 말해질 때에는 연음과 강세와 리듬의 특징으로 빠르게 삼키듯 소리가 납니다.

이 소리는 단어와 단어를 분리하여 각각을 또박또박 소리내지 않습니다. 글자로 된 시각 정보의 기억은 단어와 단어가 구별되어 명료하지만 청각 정보의 연음과 강세와 리듬의 소리는 글자와 달라집니다. 글자 위주로 공부한 사람들이 짧은 문장을 보면 기억되어 아는 것이라고 생각할 수 있지만 소리는 기억되어 있지 않기 때문입니다. 영어에서는 '소리 글자'인데, 영화나 드라마나 일상의 짧은 표현에서 이 현상이 더 심하게 일어납니다.

결국, 글자로 보면 쉬운 단어들로 된 영화나 드라마의 소리가 안 들리는 이유는 분명합니다. 글자는 기억되어 있지만 연결음으로 된 짧은 문장의 소리는 기억되어 있지 않기 때문입니다.

2

좋아하는 영화 드라마를 보며 어떻게 공부하면 좋을까?(영어 자막을 보는 것이 좋은가? 한글 자막을 보는 것이 좋은가? 자막 없이 보는 것이 좋은가?)

영화와 드라마는 짧은 문장의 소리를 학습하는 교재로 가장 좋은 교재가 될 수 있습니다. 그러나 어떻게 활용하는가에 따라 가장 좋은 교재가 될 수도 있고, 전혀 도움이 안되는 교재가 될 수도 있습니다. 다만, 편집 가공되지 않은 원본 영화와 드라마를 그대로 학습 교재로 사용하는 것은 가장 효율이 나쁜 교재 상태라 해도 무방합니다. 그래도 학습용으로 편집되지 않은 원본 영화를 어떻게 보는 것이 도움이 될까?하고 다음과 같은 의문을 갖는 사람들이 있을 수 있습니다.

'영어 자막을 켜고 보는 것이 좋을까?, 한글 자막을 켜고 보는 것이 좋을까?, 자막 없이 보는 것이 좋을까?'

이 질문의 답은 보는 사람의 현재 소리 활성화와 동기화 상태에 따라 달라집니다.

소리 활성화가 임계상태에 이르지 않은 상태에서 영화 드라마를 본다면?

소리 활성화가 임계상태에 이르지 않은 상태에서는 영어 자막이든 한글 자막이든 영어 공부에 아무런 도움이 되지 않습니다. 자막이 오히려 영어의 소리 활성화에 방해가 됩니다. 영어 자막과 한글 자막에 에너지를 빼앗기기 때문입니다. 자막은 소리를 활성화시킴에 있어 오직 글자의 도움을 받을 필요가 생겼을 때 켜고 보는 것입니다.

영어 소리 활성화에 조금이라도 도움이 되려는 목적, 즉 영어 공부를 위한 목적으로 영화나 드라마를 보려고 한다면 반드시 자막 없이 보시는 것이 조금이라도 조금씩 도움이 됩니다. 어차피 들리지 않겠지만 한 장면이라도 자막 없이 보고, 소리를 확인하여 따라 해보고, 따라 할 수 없을 때 영어 자막을 보고 글자를 소리와 연결시켜 소리를 만들어 보고, 그 뜻을 위하여 한글 자막을 보는 순서로 공부할 수 있습니다.

그러나 이렇게 공부해 나아가는 것은 매우 더디고 시간과 노력이 많이 투입되어야 합니다. 일정량의 단어, 단어뭉치, 짧은 문장의 소리를 활성화시키지 않은 사람이 이와 같이 가공되지 않은 드라마와 영화를 교재로 사용하는 것은 효율적이지 못합니다.

먼저 영화와 드라마를 편집 가공하여 소리를 활성화시키려는 목적으로 만들어진 IT 앱 교재로 몇 편의 영화나 드라마를 집중적으로 공부할 것을 추천 드립니다.

소리 활성화가 임계상태를 넘은 상태에서 영화 드라마를 본다면?

소리가 어느 정도 활성화된 상태에서 영화나 드라마를 볼 때에도 자막 없이 영화나 드라마를 보는 것이 좋습니다.

소리 활성화가 임계상태를 넘은 사람이라 하더라도 실제로 드라마나 영화의 모든 대사가 모두 정확하게 들리지 않습니다. 40% 정도 들리는 사람도 있고, 50% 정도 들리는 사람도 있고, 그 이상도 있을 수 있습니다. 그래도 40% 정도 들릴 때부터는 재미를 느끼며 볼 수 있다고 하였습니다.

영화 전체 맥락은 이해하면서 재미있게 본다고 하여도 들리지 않는 나머지 부분의 대사들을 공부하여 늘려가는 것이 필요합니다. 이때 영어의 소리 활성화 정도에 따라 두 가지 방법이 있을 수 있습니다. 한글 자막을 켜고 보는 경우와 영어 자막을 켜고 보는 경우입니다.

첫 번째 방법은 한글 자막의 도움을 받는 경우입니다.

1000개의 짧은 문장의 대사가 나오는 영화나 드라마에서 50% 정도 이해하면서 볼 수 있다고 하면 산술적으로는 나머지 50%를 공부해야 한다는 의미가 되겠지요? 그 나머지 50% 대사 가운데 뜻을 모르는 생소한 표현의 짧은 문장의 표현들이 있을 수 있습니다. 소리를 들어도 무슨 뜻인지 모르고, 글자로 된 영어 자막을 봐도 뜻을 모르는 표현들이 있을 수 있습니다. 생소한 표현이 될 터인데 짧은 문장은 하나의 단어와 같으므로 생소한 단어라 말할 수도 있습니다.

이런 경우 소리가 어느 정도 활성화된 사람이라면 소리를 어느 정도 듣고 따라 할 수 있기 때문에 그 상태에서 한글 자막으로 영어의 소리와 뜻을 곧바로 연결시킬 수 있습니다. 영화 대사는 짧은 문장이 90%이고, 이것은 하나의 단어와 같은 것이므로 비유하면 단어의 소리를 들으면서 단어 그림을 보는 것이라 할 수 있습니다. 한글 자막의 뜻이 곧 확실한 그림이 되는 것입니다. 이렇게 나머지 50% 대사의 뜻과 소리를 분명히 공부해 갈 수 있습니다.

그러나 이 경우 한글 자막에 신경을 더 많이 쏟으면 영어 대사의 소리는 공부에 도움이 못되어 버립니다. 반드시 영어 대사의 소리에 집중하고 한글 자막은 필요 시 보조 역할이 되어야 합니다. 쉽지 않은 방법입니다.

두 번째 방법은 첫 번째보다 높은 수준의 경우입니다. 즉, 말소리를 듣는 속도와 글자를 읽는 속도가 거의 일치하는 수준이라면 영어 자막을 켜 놓고 보는 것이 도움이 될 수 있습니다. 이미 소리의 뜻이나 글자의 뜻을 알고 있는 정도의 수준에서 가능합니다. 글자와 소리의 연결을 통하여 소리의 정교함을 높여가는 단계입니다.

보통 영어 뉴스 보도에서 글자를 자막 처리하면서 앵커가 뉴스를 읽어주는 이유가 그런 이유입니다. 영어 자막의 효과는 소리를 보다 더 정교하게 글자로 보여주고, 소리의 의미를 보다 더 정확하게 해주고, 소리가 조금 불완전할 때 그 뜻을 글자로 명료하게 해주는 것입니다. 실제로 배우들의 발성이 조금 불완전하여 대사의 소리가 불완전할 때가 있습니다. 이때 영어 자막의 효과는 소리의 의미를 명료하게 해줍니다.

이 정도 수준이라면 원어민에 가까운 수준이라고 할 수 있습니다. 자기가 좋아하는 영화나 드라마를 첫 번째 방법으로 모두 공부한 뒤에는 두 번째 방법으로 깔끔하게 정리해 보는 것도 좋습니다. 그러기 위해서는 먼저 영어의 소리를 활성화시키는 일이 선행되어야 겠지요?

3

영화와 드라마에 대하여

실제로 가장 좋은 짧은 문장 소리의 교재, 즉 대화를 익히는 가장 좋은 교재는 영화와 드라마입니다. 영화와 드라마에서 나오는 대사들은 10개 단어 미만으로 된 것이 대부분이며, 그것을 편집기로 분석해 보면 2초 이내에 발성이 모두 끝나는 아주 짧은 말들입니다. 짧은 문장의 표현은 단어와 같다고 앞에서 설명하였습니다. 사실 단어와 다를 바 없지요.

2시간 분량의 영화 속에는 약 1000개의 이 같은 짧은 문장의 대사와 1500~3000개 정도의 단어가 나옵니다. 여러분이 좋아하는 영화 한 편을 완전히 뜯어서 1000개 정도의 대사를 모두 소리로 활성화시켜 외운다면 그보다 좋은 학습방법은 없다고도 할 수 있습니다.

그러나 실용적인 측면에서 영화와 드라마 그 자체를 편집 가공하지 않은 채 학습 교재로 사용하는 것은 소리가 활성화되지 않은 일반인들에게는 쉽지 않은 일입니다. 왜냐하면 영화, 드라마 그 자체는 요리되지 않은 날 생선과 같고, 요리되지 않은 자연 상태의 식재료와 같기 때문입니다. 하나의 안 들리는 짧은 문장(대사)을 이해하려고 수없이 반복하여 듣거나 리플레이를 하는 노력을 기울여야 하기 때문입니다. 그렇게 수없이 리플레이 하며 들어보아도 잘 안 들리기 때문입니다. 학습자 스스로가 직접 생선을 다듬고 식자재를 준비하고 요리를 하는 상황과 비슷합니다.

만약에 누군가 영화와 드라마를 소리로 활성화시키는 목적으로 기획하여 교재로 개발하여 놓은 것이 있다면 그것은 가장 좋은 교재가 될 것입니다. 단순히 영화와 드라마의 대사를 편집하여 짧은 문장의 대사를 반복적으로 들을 수 있게만 만들어 놓은 것은 그다지 효율이 높은 교재는 못 됩니다. 영화와 드라마를 소리로 활성화시키는 목적으로 개발된 교재를 찾는다면 글자의 도움을 받되 하나의 대사 짧은 문장 소리를 가장 많이 따라 소리 낼 수 있도록 기획하여 개발된 것이 가장 좋다고 할 수 있습니다.

만약에 영화 5편 정도를 완전히 따라 소리 내면서 나오는 대사를 모두 뇌 속에 소리로 활성화시켰다고 생각해 봅시다. 5000개 정도의 짧은 문장과 5000개 정도의 단어를 활성화시켜 기억시킨 것입니다. 이보다 더 좋은 상태는 없다고 할 수 있습니다. 영화와 드라마로 영어를 공부하는 것을 추천 드립니다. 다만 영화와 드라마를 이용하여 소리로 활성화시키는 목적으로 기획되고 개발된 IT 교재를 찾아서 그것으로 공부하는 것을 추천드립니다.

그러나 아쉽게도 아직까지 소리를 활성화시킨다는 개념을 이해하고, 그 목적으로 개발된 IT 교재는 이 방향으로 특허를 갖고 개발된 '보카팟 ABC'라는 교재가 유일한 것 같지만 앞으로 인공지능(AI)을 활용한 더 나은 소리 활성화 교재가 지속적으로 나오길 기대해 봅니다. 그것만이 우리나라 영어 교육의 진정한 변화가 가능한 일이기 때문입니다.

4

무조건 많이 듣기만 하면 듣기 능력 향상에 도움이 될까?

소리가 활성화되지 않은 사람은 오디오로 된 영어의 소리를 아무리 많이 들어도 도움이 되지 않습니다.

이미지를 끄집어낼 수 없는 단어, 단어뭉치, 짧은 문장의 소리를 아무리 많이 들어도 이미지를 기억시킬 수 없기 때문에 아무런 도움이 되지 않습니다. 시간만 쓰고, 영어를 공부하고 있다는 만족감과 안도감과 착각만 늘어갈 뿐입니다.

영어의 단어, 단어뭉치, 짧은 문장 소리에 대한 이미지가 기억되어 있지 않은 사람은 그 소리를 수천 번 듣는다 하여 그 소리의 이미지가 생기지 않기 때문입니다. 새가 지저귀는 소리를 아무리 많이 듣는다 하여도 그 의미를 알 수 없는 것과 같습니다.

그래서 영화나 드라마를 볼 때 한 번 안 들리어 무슨 뜻인지 모르는 대사는 수천 번을 들어도 안 들리는 것입니다. 안 들리는 단어, 단어뭉치, 짧은 문장은 별도로 외우기 훈련을 하고 나서야 그때부터 들리는 것입니다. 이렇게 별도로 단어, 단어뭉치, 짧은 문장의 소리 외우기를 하지 않은 채 들리지 않는 영화나 드라마나 오디오를 틀어 놓고 보고 듣기만 하는 것은 영어 공부에 도움이 되지 않습니다.

이것은 눈덩이를 뭉치게 하려면 한 움큼의 눈이라도 있어야 뭉쳐지는 것과 같고, 그것을 계속 굴려야 눈덩이가 커지는 것과 같습니다. 일정량의 소리와 그 이미지를 외우고 활성화시켜 놓은 사람만이 오디오로 된 영어의 소리를 반복하여 듣는 것이 도움이 됩니다. 이 경우에만 듣는 것이 도움이 됩니다.

자기가 뇌 속에 활성화시켜 놓은 소리가 오디오에서 여러 번 나오면 그 소리의 활성화 정도가 계속 높아집니다. 영어의 단어, 단어뭉치, 짧은 문장의 소리는 듣고 이미지를 연상하고 소리를 내는 것을 많이 하면 많이 할수록 활성화 정도가 계속 높아집니다.

이 소리 활성화와 동기화 상태가 일정 수준을 넘어, 예를 들면 원어민 수준에 가까운 90% 수준에 이르면 10개의 단어 중 1개를 모른다 하여도 전후 맥락으로 그 단어의 뜻을 추정해 볼 수 있게 됩니다. 이 수준이 되었다면 많이 다양하게 듣는 것이 도움이 될 수 있습니다. 이 수준에 있는 사람들이 CNN과 같은 영어 뉴스를 틈만 나면 틀어 놓고 듣는 것입니다.

이 수준이 되기 전까지는 교재를 이용하여 단어, 단어뭉치, 짧은 문장 소리를 활성화시키고 동기화시키는 데 계속해서 에너지를 쏟는 것이 좋습니다.

오디오로 된 소리로 공부하려면 단어, 단어뭉치, 짧은 문장의 영어의 소리 – 한국어 글자 소리(뜻)가 짝을 지어 나오는 오디오 교재를 듣는 것이 도움이 됩니다. 다음 그림과 같은 오디오 교재를 이용하는 것이 효과적입니다. 글자가 빠져 있는 것이 단점이지만 글자는 별도의 보조 교재를 활용하여 확인할 수 있다면 이와 같은 오디오 교재는 많이 듣는 것이 도움이 크게 됩니다. 물론 들으면서 반드시 따라 소리 내는 훈련을 해야 도움이 됩니다.

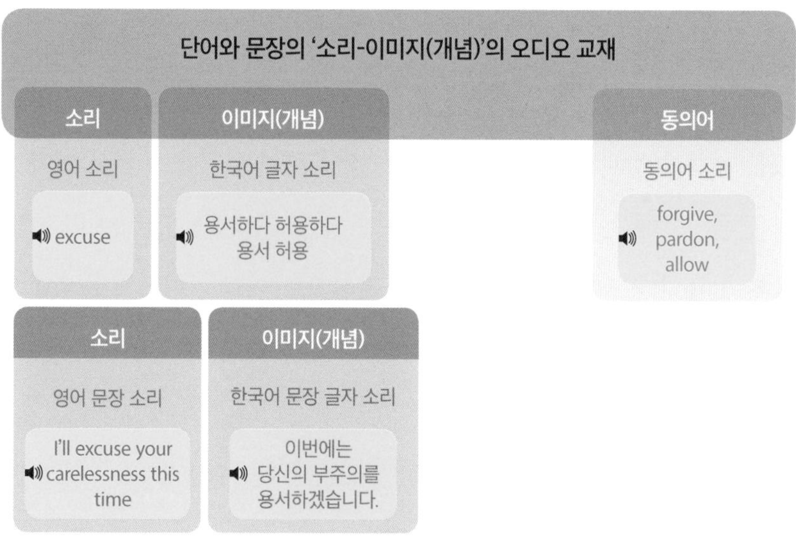

그림 42 오디오(audio)로만 된 교재

5

그림책으로 공부하는 스토리텔링?

그림책으로 이미지 투 사운드 트레이닝을 하는 것이 효과적인 공부가 됩니다. 즉 그림을 보면서 영어로 스토리텔링을 해 보는 것입니다. 알고 있는 짧은 문장과 단어, 단어뭉치들을 이용하여 그림을 보면서 이야기를 만들어 말하는 것입니다. 문법적으로 맞고 틀리고는 절대로 따질 필요가 없습니다. 그냥 알고 있는 짧은 문장과 단어와 단어뭉치로 이미지 투 사운드 트레이닝을 하는 것입니다. 그림책으로는 그림이 있는 동화책이나 그림이 있는 여행 잡지 같은 것도 좋습니다.

그림을 함께 보면서 이미지 투 사운드 스토리텔링을 할 사람이 있다면 더욱 좋겠지요. 그 사람이 원어민 선생님이면 더욱 좋겠지만 그렇지 않고 같은 수준으로 함께 공부하는 동료라도 괜찮습니다. 아주 크게 도움이 됩니다. 스토리텔링을 하면서 녹음을 해 두면 좋습니다. 녹음해 둔 자신의 소리를 다시 듣는 것도 크게 도움이 됩니다.

같은 그림이라도 아는 것이 늘어 갈수록 스토리텔링 내용이 달라지며 깊어지겠지요. 처음에는 그림에 나오는 물건들의 이름을 말하는 정도로 시작되겠지만 영어 공부를 계속해 가면서 물건들의 관계를 말하게 될 것이고, 점점 더 추상적인 짧은 문장들을 만들어 갈 수 있겠지요. 그런 변화들이 녹음되고 그것들을 다시 들으면 자신이 공부한 단어, 단어뭉치, 짧은 문장들의 기억 효과가 훨씬 좋아집니다.

6

소리를 따라 소리 내어 구강 근육에 기억시킨다는 말은?

우리들은 흔히 '기억'은 뇌가 하는 일이라고 알고 있습니다. 뇌 과학에서도 기억은 뇌의 세 곳에서 일어난다고 밝히고 있습니다. 기억은 뇌가 하는 일이 맞습니다. 그러나 몸의 운동 기억은 뇌 혼자만으로 일어나지 않습니다. 뇌와 연동된 몸과 함께 일어납니다. 뇌와 몸이 한 덩어리처럼 작동하여 일어납니다.

뇌가 몸의 움직임에 대한 기억된 신호를 보내면 몸이 그에 딱 맞는 움직임을 보이는 것입니다. 그런데 생각만으로는 몸의 움직임은 기억되지 않습니다. 반드시 몸이 움직이면서 그 몸의 움직임과 연동된 일련의 신호를 뇌에 거꾸로 기억시켜야 합니다. 몸의 움직임을 거꾸로 뇌에 기억시키는 것입니다. 뇌에 기억된 신호로 다시 몸을 움직이는 것입니다. 이것을 상호 기억이라고 합니다. 영어의 말소리를 내는 것은 이와 같은 상호 기억 과정에서 나오는 것입니다.

뇌가 신호를 보냈는데 몸이 그와 다른 움직임을 보이면 무어라 말해야 할까요? 뇌의 신호가 잘못되었든지 신호 전달 체계에서 오류가 발생하였든지 몸이 신호에 반응하지 못하였든지 셋 중 하나입니다. 우리가 뇌에 저장된 신호만 기억으로 생각하면 몸이 운동을 기억한다는 말이 이상하게 들릴 수 있습니다. 그러나 운동 기억은 뇌와 몸이 연동된 상호 기억이라는 것을 이해한다면 몸에 기억시킨다는 말이 과학적으로 맞는 말이라는 것을 이해하게 됩니다. 영어의 발성은 구강 근육 기억과 뇌 기억의 상호 기억에서 나온다는 것을 이해하게 되고, 영어의 소리를 따라 소리 내어 몸에 기억시켜야 한다는 것을 이해하게 됩니다.

상호 기억의 또 다른 예는 많이 볼 수 있습니다. 그중 하나로 컴퓨터 자판을 기억하여 한글 타자와 영문 타자를 치는 것을 생각할 수 있습니다. 처음에는 자판을 기억하려고 손의 위치를 보며 글자를 보며 치지만 훈련을 계속한 뒤에는 자판을 보지 않고도 빠르게 칠 수 있습니다. 이것이 훈련에 의한 몸과 뇌의 상호 기억의 예입니다. 골프도 그렇고 대부분의 운동이 그렇습니다. 사람들이 습득하는 대부분의 정교한 운동들은 몸과 뇌의 상호 기억 과정을 거쳐 습득됩니다.

그러므로 정교한 영어의 소리를 내려면 뇌와 함께 구강 근육인 몸이 상호 기억되도록 반복되는 많은 훈련이 필요합니다. 100번 이상의 반복되는 소리 내기 훈련 없이는 정교한 소리를 빠르게 낼 수 없다는 사실을 마음에 새겨야 합니다.

7

대학생은 어떻게 공부하는 것이 효과적일까? (동화와 소설과 같은 오디오북은 어떻게 공부하는 것이 가장 효과적일까?)

'아는 것만 들리고, 아는 것만 말할 수 있다'는 말이 있습니다. 이 말이 이 책의 전체 내용을 한 문장으로 요약한 것이라 할 수 있습니다. 대학생들은 중고등학교의 영어 교육을 통하여 많은 단어, 단어뭉치들을 글자로 기억하고 있다고 볼 수 있습니다. 다만 이것들이 소리로 활성화되지 않은 상태이므로 소리로 활성화시키고 동기화시키는 과정을 다시 밟아야 영어를 듣고 말할 수 있게 됩니다.

대학생들은 앞에서 설명한 영화나 드라마를 통하여 공부할 수도 있으며, IT 앱을 통하여 공부할 수도 있으며, 여기에서 설명하는 동화나 소설과 같은 오디오 북으로 기억된 단어를 소리로 활성화시키는 공부를 할 수도 있습니다. 환경적으로 중고등학생보다 자유롭다는 의미입니다.

그러나 아무리 많은 단어를 알고 있고, 또 그것들이 아무리 높은 수준이라 하더라도 가장 기본적인 단어, 단어뭉치, 짧은 문장부터 소리를 활성화시켜야 하는 것은 피할 수 없는 과정입니다. 즉 대학생이라 하더라도 What do you do? (와루유두?) 같은 짧은 문장의 소리부터 활성화시켜야 한다는 말입니다.

일단 대학생이든 일반인이든 중고등학생이든 누구라도 동화나 소설 같은 오디오 북으로 공부하며 소리를 활성화시키는 방법을 간단히 알아보겠습니다.

오디오 북은 아래 그림과 같이 책으로 된 영어의 글자가 영어의 소리와 맺어져 있는 교재입니다. 동화, 소설 등이 대표적이며 요즈음에는 인터넷 유튜브에 수많은 오디오 북으로 된 교재를 구할 수 있습니다.

동화나 짧은 소설을 읽을 수 있는 사람은 소리 활성화가 임계상태

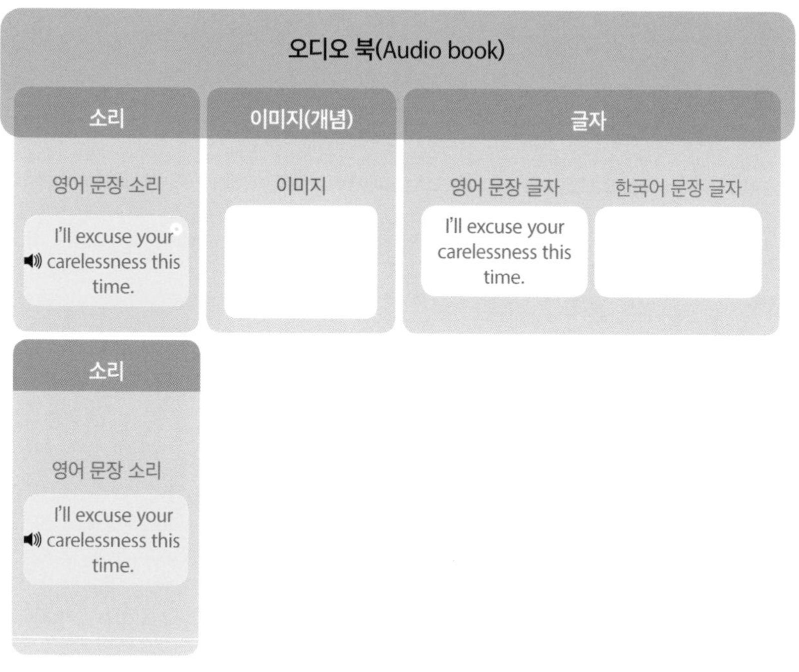

그림 43 오디오 북(audio book)

를 넘은 것으로 봐야 합니다. 미국이나 영국과 같은 원어민들에게는 아이들에게 책을 읽게 하는 것이 중요하다고 말합니다. 읽기가 중요하다는 말이지요. 원어민 아이들은 이미 소리가 활성화된 상태이므로 그들에게는 글자를 소리로 변환하는 데 문제가 생기지 않습니다. 그들은 글자를 소리로 변환시키면 곧바로 주변에서 사용하는 소리로 똑같이 만들 수 있습니다. 그렇기 때문에 듣기 없이 읽기 훈련만 잘 되면 문제가 해결됩니다. 그런 배경으로 읽기를 권장하는 것입니다.

그러나 영어를 외국어로 배우는 우리들은 소리가 활성화 안되었기 때문에 책만 보고 글자를 소리로 변환하는 읽기를 먼저 하는 것은 도움이 되지 않습니다. 반드시 오디오 북의 소리를 들으며 그것을 따라 소리내거나, 소리를 들으며 그것을 알아듣는 과정을 선행해야 합니다. 먼저 소리를 충분히 활성화시켜야 한다는 것입니다.

오디오 북의 소리를 듣고 그 소리를 알아들으려면 동화나 소설에 나오는 단어, 단어뭉치를 먼저 공부해야 합니다. 당연한 말입니다. 여기에서 '아는 것만 들리고, 아는 것만 말할 수 있다'는 말이 적용됩니다. 먼저 오디오 북에 나오는 단어, 단어뭉치를 알아야 그 소리들이 들리게 된다는 것이지요. 오디오 북에 나오는 단어와 단어뭉치를 공부하는 세세한 방법은 여러 가지가 있을 수 있으므로 여기에서는 그 각각들을 말하지 않습니다. 어떤 방법을 사용하든지 오디오 북에 나오는 단어, 단어뭉치들을 먼저 알도록 하는데, 물론 소리로 활성화시켜 아는 것이 가장 좋은 상태입니다. 그리고 오디오 북을 듣는 것입니다.

단어와 단어뭉치를 소리로 활성화시키지 않은 상태에서 오디오 북을 들으면 다음 그림과 같이 모르는 단어, 단어뭉치는 안 들리게 됩니다.

결국은 오디오 북에 나오는 단어, 단어뭉치를 모두 공부하고, 그것들이 문장의 소리로 흘러나올 때 들으며 곧바로 알아듣는 훈련을 하는 것입니다. 소리 동기화 훈련인 것입니다. 단어와 단어뭉치들을 모두 알고 있다고 하여 오디오 북의 문장 소리가 모두 들리고 이해되는 것은 아닙니다. 단어, 단어뭉치를 아는 것은 소리 활성화이고, 이 단어들이 다

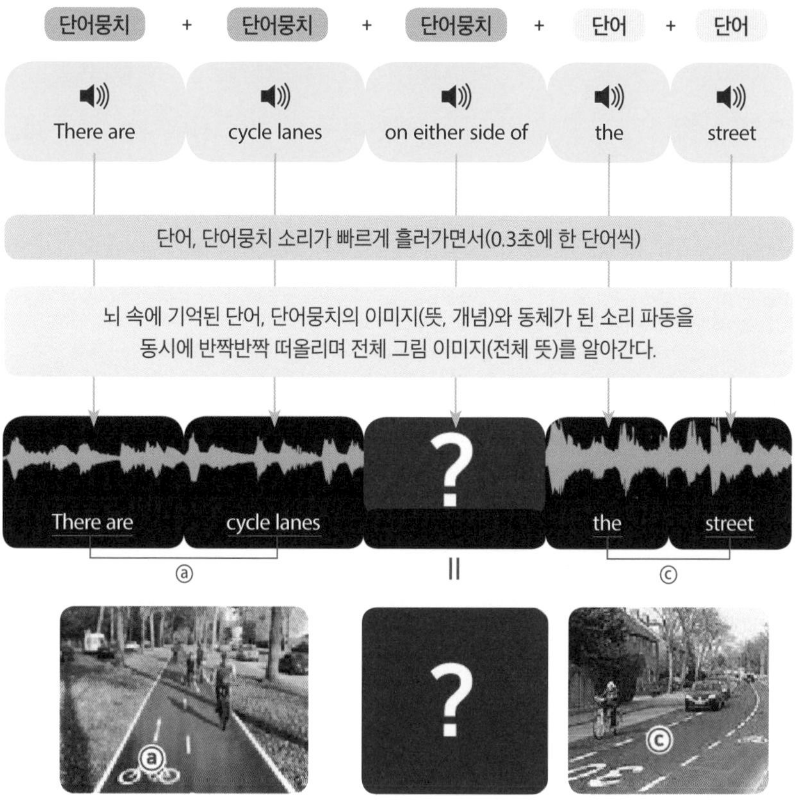

그림 44 단어, 단어뭉치를 모를 때 오디오 북을 들으면 안 들리는 단어의 모습

양하게 조합되어 문장이 된 소리를 들으면서 동시에 뜻을 이해하는 것은 소리 동기화로 서로 다르기 때문입니다.

오디오 북은 소리를 동기화 시킬 때 좋은 교재가 됩니다. 많은 단어, 단어뭉치를 활성화시키고 그것들이 조합되어 문장 소리가 될 때 곧바로 이미지로 알아듣는 동기화 훈련에 오디오 북이 적합합니다.

오디오 북은 현재 자신의 영어 상태에 맞는 것을 선택합니다. 20쪽 되는 어린이 동화도 좋고, 50쪽 되는 이야기 책도 좋고, 100쪽 되는 책이 될 수도 있고, 200쪽 되는 어린 왕자(The Little Prince)나 하이디(Heidi)같은 책도 될 수 있고, 300쪽 넘는 소설도 될 수 있습니다. 중요한 것은 자기가 정말 좋아하고 재미있어 하는 책을 선택하는 것이 필요합니다. 집중적으로 몇 번을 반복해도 지루하지 않기 때문입니다. 이 단계에서는 이 책 저 책 많이 하는 것보다 하나를 집중적으로 공부하는 것이 중요하기 때문입니다.

오디오 북을 듣고, 안 들리는 단어, 단어뭉치를 공부하여 알고(소리로 활성화시키고), 다시 오디오 북을 듣고, 안 들리는 단어, 단어뭉치를 공부하여 알고, 이것을 반복하면서 오디오 북이 80~90% 이상 들릴 때까지 반복하여 공부하는 것입니다. 이때 이 책에서 설명한 직접 발성과 간접 발성의 따라 말하기를 반드시 해야 효과가 배가됩니다. 직접 발성과 간접 발성의 따라 말하기가 소리 활성화와 동기화에 불을 붙이는 작용을 하기 때문입니다.

오디오 북의 듣기가 되면 그 다음 순서가 종이 책을 읽는 공부입니다. 이 읽기 공부가 영어 공부의 마지막 레벨의 공부입니다. 책을 소리 내어 읽는 것이 영어 공부에서 가장 수준 높은 단계인 마지막 단계의 공부입니다. 듣고 따라 소리 내는 것이 가능한 다음에 책의 글자를 보고 읽기를 해야 효과적입니다.

영어를 처음 배우는 사람이 오디오 북의 소리를 듣지 않은 상태에서 책을 보고 읽기부터 먼저 하는 것은 역효과를 일으킬 수도 있습니다. 실제로 우리나라 중고등학생들이나 대학생들은 소리를 활성화시키지 않은 채 글자로 된 영어를 먼저 해독하는 훈련에 익숙해 있으므로 이 말이 이해가 안 될 수 있습니다.

우리나라 중고등학생이나 대학생들은 책의 문장을 해석 방법을 동원해 먼저 해석하여 이해합니다. 그 뒤에 그것을 소리로 들어서 듣기 훈련을 하는 순서를 취하고 있지요. 그러므로 책 읽기를 먼저 하고 그것을 소리로 들으며 듣기 훈련을 하는 순서를 당연하다고 여길 것입니다. 그러나 이렇게 글자 해독 공부를 먼저 하고 그것을 듣기로 훈련하는 것은 순서를 잘못 택한 길입니다.

하지만 이미 그렇게 비효율적인 길로 먼 길을 걸어온 사람이라면 어쩔 수 없이 먼저 읽고 이해한 뒤에 소리로 듣는 순서를 취하면서 소리를 활성화시키는 방법을 택할 수도 있습니다. 석사 박사 과정으로 미국에 유학을 갔던 대부분의 학생들이 이와 같이 뒤바뀐 순서로 영어의 소리를 활성화시킨 사람들입니다. 미국에 가서 주변의 영어 소리로 자신의 뇌 속에 기억된 글자 단어, 단어뭉치, 문장들을 소리로 활성화시키는 기간을 몇 년 동안 가져야 되는 것입니다. 우리나라에서 영어를 10년 공부하고, 미국에 가서 다시 몇 년 공부해야 말이 들리고 말할 수 있게 되었으니 비효율적이지 않나요?

아무튼 여러분이 어느 순서를 밟아 공부하는 것과 관계없이 오디오 북을 들은 뒤에는 읽기를 하셔야 합니다. 영어로 된 책을 읽는 것은 반드시 필요합니다. 오디오 북으로 공부한 자신이 좋아하는 책 한 권을 직접 발성으로 소리 내어 읽는 것을 여러 번 하면 좋지만 적어도 한 번은 소리 내어 읽기를 권합니다. 그 뒤에 마음속으로 소리 내어 읽는 간접 발성으로 다시 한 번 읽는 것도 좋습니다. 간접 발성은 말과 글을 이해하는 통로와 같기 때문입니다. 간접 발성은 자기만의 통역기와 같습니다.

적어도 자기가 좋아하고 재미있어 하는 책 한두 권 정도를 이렇게 직접 발성과 간접 발성으로 읽기까지 공부하면 여러분 자신이 곧 여러분의 영어 선생님입니다. 스스로가 곧 등불이 되어 여러분의 영어를 밝혀 갈 것입니다.

8

중고등 학생들은 어떻게 공부하는 것이 효과적일까?

오디오 북의 공부 방법이 중요한 또 하나의 이유는 종이 책과 소리가 짝지어 있는 것으로 우리나라 중학교, 고등학교의 영어 학습 환경과 일치하기 때문입니다. 중고등학교의 영어 책은 소리로 된 오디오 파일을 제공하지만 영어 책 전체가 IT 기술을 이용한 앱으로 출시되지는 않습니다. 선생님과 함께 영어 책의 문장을 해석하는 방법과 문법을 먼저 배웁니다. 오디오 파일은 듣기라는 영역을 위한 보조적 역할을 하고 있을 뿐입니다. 문법, 읽기, 이해하기, 듣기, 쓰기, 말하기 등의 영역으로 철저히 나누어 공부하는 환경입니다.

그러나 우리의 목적은 영어를 듣고 말하는 것입니다. 그것을 위하여 소리를 활성화시키는 것을 우선해야 하는 데, 이를 위하여 중학교, 고등학교 교재와 같은 오디오 북을 어떻게 활용하는가의 물음에 답을 찾아보려는 것입니다.

이 답이 곧 우리나라 중학교, 고등학교 학생들이 처한 환경에서 실질적인 영어 공부방법의 해답이 될 수 있기 때문입니다.

목표는 문장의 소리를 듣고 뜻을 알거나 문장의 글자를 보고 뜻을 아는 것입니다. 지켜져야 될 순서는 문장의 오디오 소리를 듣고 곧바로 그 뜻을 알고, 글자로 된 문장을 읽으면서 곧바로 그 뜻을 아는 것이어야 되는데 우리의 현실은 이와 다릅니다. 글자로 써진 문장을 해석하는데 문법과 해석 기술을 동원합니다. 아니, 문법과 해석 기술을 동원해야 해석이 되도록 훈련 받고 있다는 것입니다.

문법과 해석 기술을 사용하면서 처음 단어부터 마침표가 찍혀 있는 마지막 단어까지 하나의 문장에 대하여 문법과 어순을 따져보고 단어의 뜻을 이리저리 짜맞춰보고 하는 행위를 하면서 그 뜻을 해독하겠다고 하면 완전히 어긋난 길로 들어서는 것입니다. 오디오 파일의 효용이 쓸모 없어지는 것입니다.

오디오 파일을 이용하여 지켜져야 될 순서를 지키면서 학습 효과를 극대화시키는 방법은 다음과 같습니다. 즉 다음 순서를 따라 학습하면 중고등학교의 교재를 이용하면서도 소리를 활성화시킬 수 있습니다.

1. 문장에 나오는 개별 단어들을 먼저 소리로 활성화시킵니다. 다음 그림 45의 a, b, c, d, e 어느 교재를 이용하여도 괜찮습니다. a, b, c, d, e는 좋은 교재의 순서로 되어 있지만 어느 교재에도 영어 단어의 소리가 있기 때문에 괜찮습니다. 이것들 중 주변에서 구할 수 있는 교재를 구하여 개별 단어를 소리-이미지(개념)로 활성화시키는 것이 가장 먼저 할 일입니

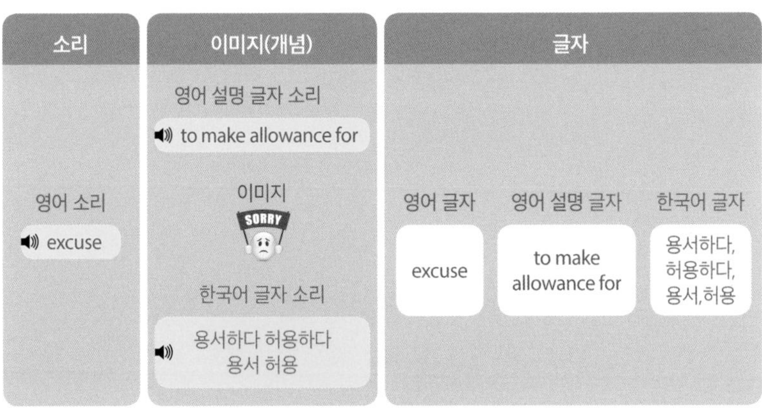

그림 45-a

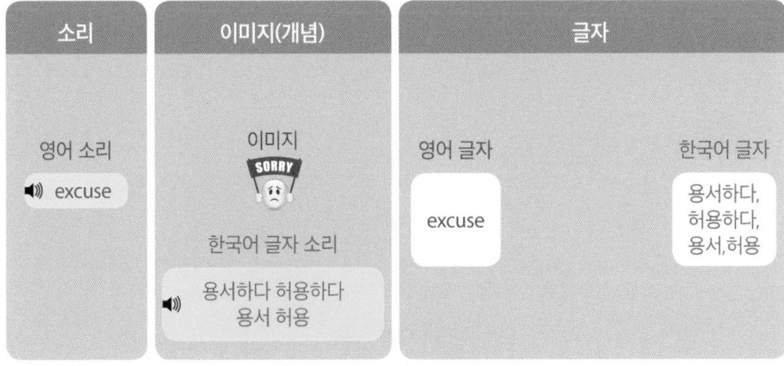

그림 45-b

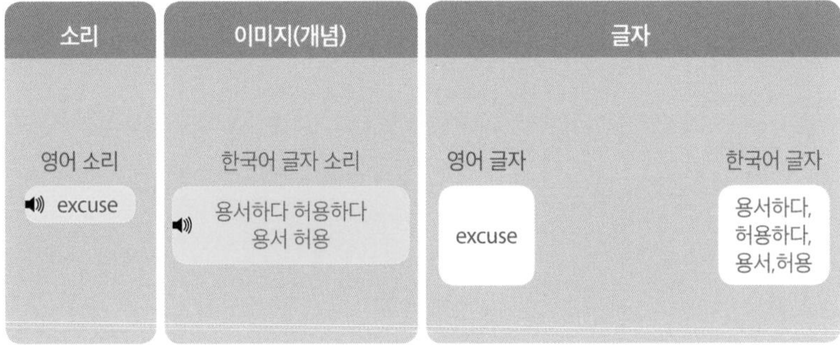

그림 45-c

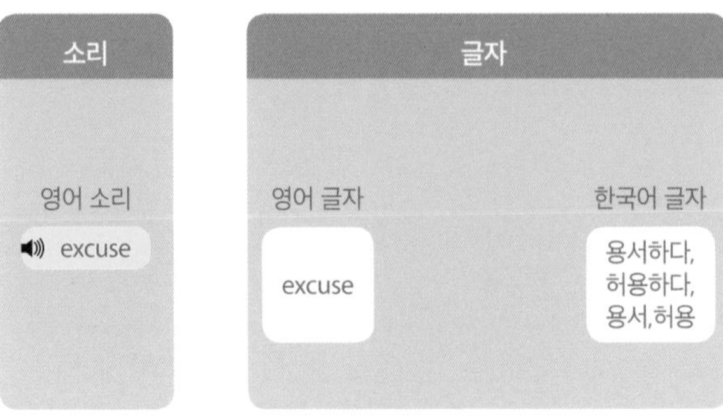

그림 45-d

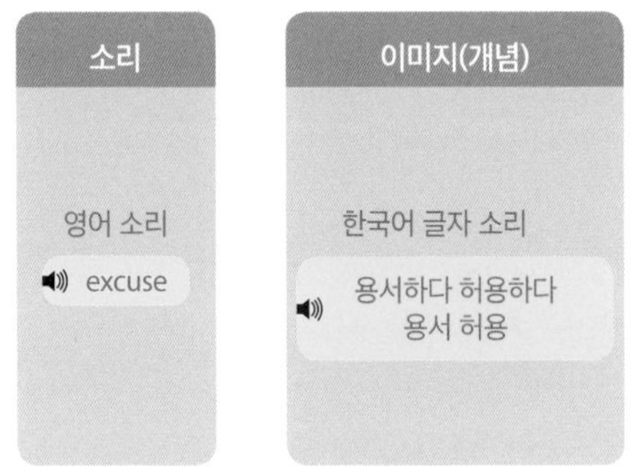

그림 45-e

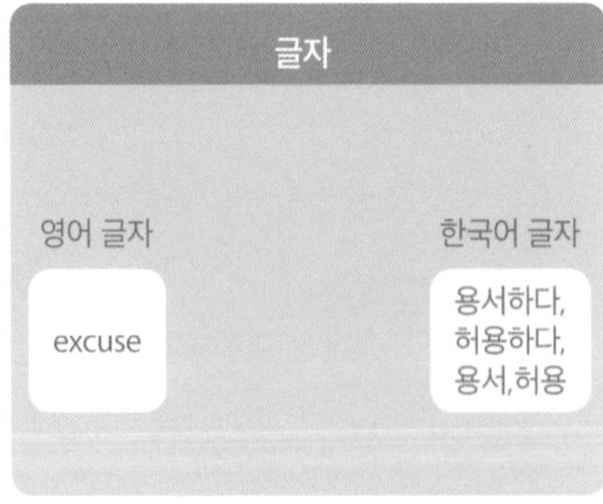

그림 46 가능하면 사용해선 안 되는 교재

다. 그러나 가능하면 사용해선 안 되는 교재가 글자로만 되어 있는 교재입니다.

2. 개별 단어를 듣기만 하면 이미지(개념)가 떠오르는 사운드 투 이미지 상태로 소리가 활성화되었다면, 즉 문장에 나오는 개별 단어, 단어뭉치들의 이미지(개념, 뜻)와 소리를 모두 알았다면, 오디오 파일로 된 다음 그림과 같은 영어 문장의 소리를 듣습니다. 영어 문장의 소리를 듣고 따라 소리 냅니다. 오디오 소리의 속도와 똑같은 속도로 소리 내면서 영어 문장의 이미지(개념, 뜻)를 떠올려 봅니다. 처음에는 잘 안 떠오릅니다. 몇 번 해도 잘 안 떠오를 수 있습니다. 그러나 수십 번을 소리 내 보고, 그 이상 소리 내 보면 각 개별 단어들의 이미지들이 모여 문장이 주는 전체 이미지를 잡아낼 수 있습니다.

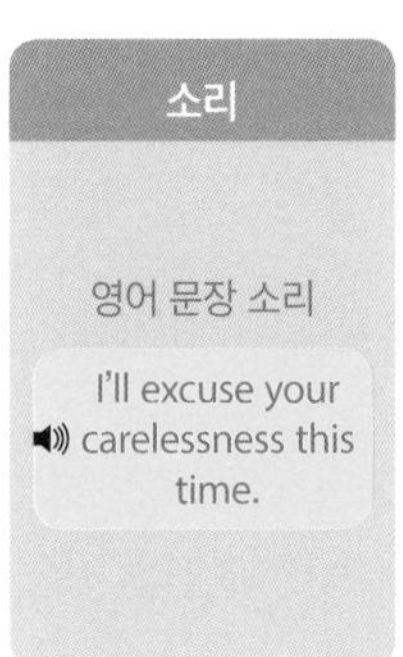

그림 47 오디오 파일로 된 영어 문장 소리

3. 앞의 2번 방법을 대체하는 조금 빠른 접근 방법이 있습니다. 영어 문장의 이미지(뜻, 개념)를 참고서를 보거나 하여 다음 그림과 같이 문장의 뜻을 한국어 글자나 소리로 기억합니다. 이미 번역된 한국어 뜻을 사용하는 것입니다. 짧은 문장의 뜻을 하나의 단어 뜻과 같은 이미지(개념)처럼 활용하는 것입니다. 글자로 써진 문장을 보면서 단어 각각들을 문법적으로 연결하여 영어 문장의 뜻을 파악하려고 하지 말고 문장의 전체 뜻(개념, 이미지)을 한국어로 기억하고 영어의 문장 소리를 듣는 것입니다. 짧은 문장은 하나의 단어처럼 처리하여 영어의 소리와 함께 통째로 외우는 것이고, 긴 문장은 개별 단어들의 소리가 활성화된 상태이므로 개별 단어들의 소리를 들으면서 곧바로 이미지(뜻)로 연결시키는 훈련입니다. 영어 개별 단어들의 소리와 뜻을 흘려 들으면서 한국어 뜻으로 알고 있는 전체 뜻을 잡아 가는 것입니다. 처음 한 번 들으면 개별 단어들의 이미지(뜻) 나열이 전체 이미지(뜻)와 연결이 잘 안되겠지요? 왜냐하면 한국어 어순과 영어의 어순이 다르기 때문입니다. 그러나 문장의 소리를 여러 번 들으면 개별 단어들의 이미지(뜻) 나열이 문장 전체 뜻으로 귀결되는 것을 느낄 수 있습니다. 이런 훈련을 계속하면 영어를 들으면서 알아듣는 상태가 됩니다. 결국 영어를 들으면서 알아듣는 상태는 문법적으로 단어의 배열을 따져가며 문장을 해독하는 것이 아니라 영어 단어의 소리가 흘러가면서 던져 주는 단어의 이미지(뜻)를 들으면서 그것들을 주어 모아서 전체 뜻을 파악하는 것이기 때문입니다. 소리로 활성화된 단어의 소리를 주-욱 들으면서 전체 문장을 이해하는 것이 소리 동기화라 하였는데 이렇게 훈련

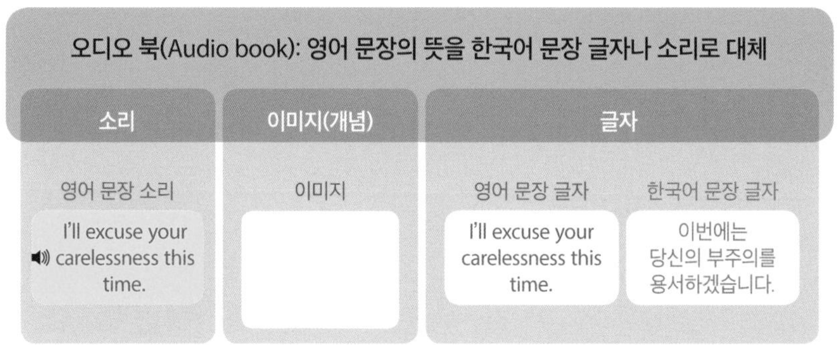

그림 48 문장의 소리를 한국어 글자나 소리의 뜻으로 기억

이 필요한 것이지요. 다만 앞의 2번 방법으로 수십 번 소리를 따라 하여도 영어 문장의 이미지(개념)가 잡히지 않을 때 이렇게 하는 것이 좋습니다.

4. 앞의 1, 2, 3의 방법으로 짧은 문장의 소리와 긴 문장의 소리를 계속 공부하여 문단에 나오는 모든 문장을 소리로 활성화시키고 동기화시킵니다.

5. 오디오 북에 있는 문단의 전체 문장의 소리를 오디오 파일의 소리로만 들으며 각 문장들이 연결된 전체 문단의 문맥을 이해합니다. 물론 이때에도 따라 소리 내는 것을 합니다. 직접 발성도 좋고 간접 발성도 좋습니다. 직접 발성은 소리를 입으로 내는 것이고, 간접 발성은 소리를 마음속으로 내는 것이라고 하였습니다. 그리고 영어의 소리를 들으며 알아듣는 마지막 상태는 간접 발성을 통하여 이루어진다고 하였습니다. 그러므로 여러분이 오디오 북에서 흘러나오는 교과서 문단의 전체 문장의 영어 소리를 들을 때 자기도 모르게 간접 발성으로 따라 하면서 그 소리를 알아

들으려 하는 상태가 되었다면 영어 정복의 정상에 가까워졌다는 것을 의미한다고 할 수 있습니다.

6. 이 상태가 된 뒤에 오디오 북을 처음부터 끝까지 반복해서 들으면 들은 만큼 영어가 좋아집니다. 물론 직접 발성이나 간접 발성으로 따라 소리 내는 것은 언제나 필수 사항이고요.

7. 단어와 단어뭉치를 활성화시키고, 그 다음으로 문장의 소리를 활성화시키고 동기화시키는 순서가 중요합니다. 또한 학교에서 배우는 문법이나 문장을 해석하는 방법에 매달리지 않고, 문법이 맞았는지 틀렸는지에 따지지도 집착하지도 않고, 소리를 통하여 단어, 단어뭉치, 문장을 따라 소리 내고 알아듣는 공부를 하는 것입니다.

8. 이렇게 오디오 북의 소리를 들으면서 알아들을 수 있는 상태가 되었을 때 글자로 된 책을 소리 내어 읽는 단계를 밟는 것이 좋습니다.

9

초등학생은 어떻게 공부하는 것이 효과적일까?

우리나라에서는 초등학교부터 영어를 가르치기 시작합니다. 중학교, 고등학교, 대학교에서도 영어를 가르칩니다. 그러고도 영어가 안되어 대학을 졸업한 뒤에도 영어를 공부합니다. 우리 모두 알고 있는 우리들의 현실입니다. 영어를 모국어로 사용하고 있는 국가에서 생활하는 환경인 영어 제1의 환경에 놓였던 특별한 혜택을 받은 사람들을 제외하면 우리들의 영어 현실은 노력에 비하여 실질적인 효과가 너무나 안 좋습니다.

이 책에서는 영어의 소리를 활성화시키면 영어의 상태 값이 달라지고 이때부터 영어 학습의 중요한 상태 변화가 일어난다는 것을 설명하고 있습니다. 그 상태에 도달하면 영어를 말할 수 있고, 알아들을 수 있으며, 영화나 드라마를 40% 정도 알아들으며 재미있게 볼 수 있으며, 영어로 가르치는 영어 공부를 할 수도 있는 영어 학습방법이 달라지는 임계상태가 된다고 하였습니다. 그리고 영어 학습의 상태 변화를 일으키는 소리 활성화 임계상태에 도달하는 데 소요되는 기간은 물리적으로 하루에 1시간 30분씩 투입하여 2년의 기간이 필요하다는 것을 설명하고 있습니다.

그러면 초등학교, 중학교, 고등학교, 대학교, 대학 이후의 여러 시절 가운데 어느 시점이 영어의 소리 활성화를 시킬 수 있는 최적의 기간일까요?

몇 가지 조건을 주고 그 조건을 가장 잘 만족시키는 것을 최적화한다고 합니다.

우리들이 차량에서 매일 사용하는 내비게이션이 대표적인 최적화 방법입니다. 현재 위치에서 목적지까지 갈 수 있는 경로는 수없이 많습니다. 길의 최단 경로라는 조건을 주면 그것이 가장 좋은 길이 되어 찾아질 수 있고, 교통이 막히지 않는 조건을 주면 그렇게 찾아지는 길이 최적의 답이 되는 것과 같습니다. 조건을 시간과 함께 최단 경로를 주면 길은 조금 돌아가더라도 교통이 덜 막히면서 주어진 환경에서 최단 시간으로 가는 길을 찾아주고 그것이 답이 되겠지요. 조건을 맞출 수 없는 조건을 주면 답을 못 찾고 그런 길은 없다는 답도 나올 수 있습니다.

소리 활성화에서 최적의 시기를 찾는 것도 비슷합니다. 어느 시기에 2년의 시간을 투입하여 소리를 활성화시키는 것이 가장 좋을 것이냐는 물음에는 반드시 조건을 고려하여 답을 찾아야 합니다. 현실적으로 맞추기 어려운 조건을 주고 답을 찾으라 하면 그런 길은 없다는 답이 여기에서도 나올 수 있습니다.

영어 소리 활성화 최적 시기의 조건은 하나입니다. 사회적 환경과 교육 환경 속에서 그것에 따른 개인들이 갖는 시간적 환경과 개인들의 언어 능력 환경과 심리적 환경 속에서 소리 활성화에 성공해야 한다는 조건입니다. 이것들이 모두 환경 조건입니다.

환경 조건은 사회적 환경, 교육 환경, 시간적 환경, 언어 능력 환경, 심리적 환경, 영어 공부 습관적 환경이 됩니다.

이와 같은 환경에서 물리적으로 매일 1시간 30분씩 노력하여 2년의 기간을 가져야 합니다. 이것이 조건입니다. 반드시 지켜져야 되는 것을 구속 조건이라 하는데, 매일 1시간 30분씩 공부하는 것이 반드시 지켜져야 하는 구속 조건입니다.

초등학교, 중학교, 고등학교, 대학교, 일반인들이 갖는 환경 조건이 모두 다르다는 것을 우리는 알고 있습니다. 개인들마다 조금씩 차이 날 수 있지만 크게 보면 중학교와 고등학교에서는 사회적 환경과 교육 환경과 시간적 환경과 심리적 환경이 매일 1시간 30분씩 2년이라는 물리적 구속 조건을 허락하지 않습니다. 공부해야 될 과목이 많고, 영어가 시험이라는 제도 속에 갇혀 있고, 소리 활성화와 영어 능력의 상관관계에 대한 믿음이 확고하지 않고, 다른 주변 학생들은 성적에 매달려 있기 때문에 심리적 환경이 물리적 시간을 허락하지 않습니다. 그러면 중학교, 고등학교 시기는 우리들의 현재 환경 조건을 고려해 볼 때 좋은 시기가 아니라는 답이 나옵니다. 좋은 시기가 아닌 정도가 아니라 환경 조건이 모두 바뀌지 않는 한 불가능한 시기라 할 수 있습니다.

대학교는 중고등학교의 환경에서 조금 벗어나 있습니다. 그래도 여전히 취업이라는 구속 조건 아래 토익과 같은 시험 점수의 스펙에서 크게 자유롭지 못합니다. 중고등학교에서 영어를 공부해 오던 관성과 습관이 남아 있어 심리적으로 핸들을 완전히 틀지 못할 수 있습니다. 그러나 만약에 어떤 대학생이 있어 이 책을 읽고 소리 활성화에 대한 확고한 믿음을 갖고 2년의 물리적 시간과 에너지를 투입한다면 그 학생은 영어에서 자유로워질 수 있습니다. 영어 스펙에 연연하지 않고 실질적인 영어 능력을 위해 2년을 투입한다면 그는 영어의 문을 열 수 있습니다. 영어의 새로운 장이 열리는 것이지요. 그러나 중고등학교의 관성과 영어 스펙에 구속된 공부를 하게 되면 핸들을 꺾지 못하고 계속 잘못된 그 길을 가게 될 것입니다.

일반인들은 대학교의 환경보다 조금 더 자유롭습니다. 그러나 소리 활성화에 대한 확고한 믿음이 필요합니다. 더군다나 이때까지 기존의 방식으로 영어를 공부해 오면서 얼음 상태로 계속 쌓아온 단어, 단어뭉치들의 양이 아주 많은 상태이므로 이것들을 녹여 물의 상태로 바꾸는데 에너지가 훨씬 많이 투입되어야 합니다. 그래도 만약에 어떤 일반인이 있어 이 책을 읽고 소리 활성화에 대한 분명한 믿음을 갖고 2년의 물리적 시간과 에너지를 투입한다면 그 사람은 이때부터 영어에서 자유로워질 수 있습니다.

이제 이 모든 환경 조건에서 자유로운 대상은 하나밖에 남지 않았습니다. 초등학생입니다.

초등학생이 영어의 소리를 활성화시키기에 가장 좋은 환경 조건을 가졌습니다.

초등학생은 잘못된 영어 공부의 습관에 물들어 있지 않은 깨끗한 상태입니다. 최적의 경로를 알려주고 길 안내만 잘하면 그대로 받아들여 자기 것으로 만들 수 있는 상태입니다. 길 안내가 중요할 뿐입니다.

초등학생은 사회 교육 환경에서 많은 과목을 모두 잘해야 하는 시험의 압박에서도 자유롭습니다. 다른 과목에 대한 심리적 부담이 없는 상태입니다. 오히려 영어를 열심히 하여 영어의 소리가 활성화되는 상태를 느끼게 되면 공부에 대한 심리적 자신감이 생깁니다. 이것이 다른 과목에 대한 자신감으로 전이되어 다른 공부에도 재미와 자신감을 배가시켜 줄 수 있습니다.

초등학생은 부모님이나 선생님이 길을 잘 안내하면 하루에 2시간씩 2년이라는 시간을 충분히 여유롭게 사용할 수 있습니다. 영어의 소리 활성화를 위해 꾸준히 노력하고 있는 것에 대한 부모님의 합당한 보상이 있으면 인내가 필요한 2년의 힘든 여정을 마칠 수 있습니다. 물론 초등학생 혼자서 스스로 알아서 할 수는 없습니다. 부모님이나 선생님의 길 안내가 반드시 필요합니다. 길 안내라는 것이 부모님이나 선생님이 영어를 잘해야 가능한 것이 아닙니다. 영어의 소리를 활성화시키려는 목적으로 내비게이션처럼 잘 만들어진 영어 학습 IT 프로그램이 있으면 길 안내가 가능합니다. 차량의 내비게이션처럼 길 안내가 잘 되어 있는 프로그램이 있다면 부모님과 선생님의 관심만으로 목적지에 도착할 수 있습니다. 이것이 약간의 단점일 수 있어도 이 단점만 해결되면 더 없이 좋은 시기가 초등학생 시절입니다.

초등학생은 소리를 따라 하는 데 가장 유연한 시기라 할 수 있습니다. 뇌와 구강 운동의 연동 능력이 가장 유연한 시기입니다. 사실 모든 근육 운동이 가장 유연한 때입니다. 그리고 글자와 소리를 함께 공부할 수 있는 조건을 갖추고 있습니다. 글자의 도움을 받게 되므로 한국어 수준만큼의 영어의 소리를 활성화시키는 것입니다. 글자의 도움을 받는다는 것은 한국어 글자와 영어 글자의 도움을 모두 받는다는 것입니다. 모국어인 한국어 글자는 이미 알고 있어야 합니다. 그러면서 영어 글자를 새로 배우는 데 한국어 글자와 혼선을 일으키지 말아야 합니다.

이런 조건에서는 초등학교 3~5학년이 가장 좋은 시기가 됩니다. 1학년과 2학년은 한국어 글자를 한국어 소리에 동체화시키는 데 노력해야 하고, 또 한국어의 어휘를 늘려가야 하는 때이므로 최적의 시기는 아닙니다. 물론 개인 차는 있을 수 있습니다. 6학년은 1년 뒤에 중학교에 진학하므로 2년의 기간을 확보하지 못합니다. 그래도 시작하지 않는 것보다는 백 번 낫겠지요?

초등학교 시절에 2년을 투입하여 영어의 소리를 활성화시켰을 때 가장 좋은 점들은 다음과 같이 나타납니다. 이것은 환경 조건과 관계없이 부차적으로 얻어지는 좋은 점들입니다.

중학교에 진학하여 3년 동안 배우는 영어를 모두 계속하여 소리로 활성화시키면서 축적할 수 있게 됩니다. 초등학교에서 영어의 소리를 활성화시키지 못한 학생들이 중학교 3년의 영어 공부를 얼어붙은 영어, 죽은 영어로 습득할 때 그와 정반대로 이렇게 미리 소리를 활성화시켜 놓은 학생은 그것들을 모두 살아 있는 영어로 활성화시키면서 습득하게 됩니다. 이것은 계속하여 눈덩이 굴림 효과를 일으켜 고등학교에 진학하여 배우는 3년의 영어도 모두 그렇게 활성화시키면서 공부할 수 있게 됩니다. 중고등학교 6년의 학교 영어 공부가 살아 숨쉬는 영어 공부가 됩니다. 물론 중고등학교 시절의 영어 시험 성적은 당연히 좋을 것입니다. 중고등학교의 영어 시험 성적을 좋게 하려고 다른 사람들만큼 시간과 에너지를 투입하지 않아도 됩니다. 여분의 시간을 다른 과목에 투입할 수 있습니다. 이렇게 공부한 학생이 고등학교를 마치면 이 학생에게는 영어가 더 이상 삶의 구속 조건이 아닙니다. 영어에서 완전히 자유로워집니다. 영어를 완전히 자유롭게 구사할 수 있게 됩니다. 영어 사용국가에 한 번도 가보지 않은 상태로 한국에서만 영어를 공부하였음에도 고등학교를 마치면 영어를 자유롭게 구사할 수 있게 됩니다. 놀라운 일이라 생각 들겠지만 당연한 일입니다. 우리 모두 이것이 당연한 일이라 생각될 때 그때가 정상적인 상태이고, 놀라운 일이라 생각될 때가 정상적이지 않은 상태입니다.

우리나라 대학생 가운데 영어를 자유롭게 구사하는 학생들은 거의 대다수가 초등학교 시절에 부모를 따라 영어를 사용하는 나라에 수년간 체류하였던 학생들입니다. 이들은 그때에 영어의 소리를 활성화시킬 기회를 가졌고, 부모를 따라 귀국하여 우리나라에서 초등학교를 마저 마치고 중고등학교 과정을 거쳐 대학에 진학한 학생들입니다. 초등학교 시절에 1~3년 정도 영어 사용 국가에서 교육을 받았다 하여도 그때 습득한 어휘의 수량과 수준은 많지도 않고 높지도 않습니다. 그럼에도 실제로 이 학생들은 중학교, 고등학교 시절에 그런 기회를 갖지 못했던 다른 학생들만큼 영어 공부에 많은 시간을 투입하지 않습니다. 영어 단어를 외우려고 다른 학생들만큼 애쓰고 노력하지도 않습니다. 영어 단어를 다른 학생들보다 쉽게 외울 수 있기 때문입니다. 또한 이 학생들의 수능 영어 성적은 이들보다 더 많은 노력을 기울인 다른 학생들보다 높습니다. 영어로 말을 주고받는 데 어려움도 없습니다.

왜 그럴까요? 그 답은 하나입니다. 영어 사용 국가에서 초등학교 시절 1~3년 동안에 영어의 소리를 활성화시켰기 때문입니다. 영어의 소리가 활성화된 상태에서 중학교, 고등학교에서 배우는 영어를 모두 살아 있는 영어로 축적할 수 있었기 때문입니다. 영어 소리가 활성화되지 않은 다른 학생들이 죽은 영어를 계속 쌓아 갈 때 이들은 영어를 계속 살아 숨쉬도록 쌓아 갈 수 있었기 때문입니다. 영어의 소리를 계속 활성화시켜 갈 수 있었기 때문입니다. 한 번 활성화시켜 놓은 채널은 쉽게 닫히지 않고 계속 열린 채로 작동하기 때문입니다.

그러므로 모든 환경 조건을 고려해 볼 때 초등학교 3~5학년 시절이 영어의 소리를 활성화시키는 가장 적합한 시기입니다. 우리나라 아이들이 이 시기에 영어의 소리를 활성화시키게 되면 고등학교를 마칠 때가 되면 모두가 영어에서 자유로워질 수 있습니다. 이 기회를 놓치게 되면 어쩔 수 없는 환경 조건 속에서 글자에 파묻힌 영어 공부의 길을 10년 이상 계속 걸어가야 합니다. 노력은 노력대로 해도 영어로 말하지 못하고 듣지 못하는 참으로 안타까운 일을 겪어야 합니다. 일종의 부모 특혜 속에서 영어를 듣고 말할 수 있게 된 사람들을 부러워해야 합니다.

그러면 초등학교 시절에 어떻게 공부하는 것이 가장 효과적일까요?

영어를 처음 배우는 사람이 영어의 소리를 활성화시킬 수 있도록 의도적으로 기획된 영어 학습 프로그램을 이용하는 것이 가장 효과적일 수 있습니다.

영어의 소리를 활성화시키려는 목적으로 만들어진 IT 영어 학습 프로그램 예를 하나 들어보겠습니다. '보카팟 ABC'라는 영어 학습 프로그램이 소리를 활성화시키려는 목적으로 개발된 프로그램입니다. 앞으로 영어 소리 활성화를 위한 더 좋은 영어 학습 프로그램이 나올 수 있다고 생각하지만 현재까지는 영어의 소리를 활성화한다는 의도로 만들어진 것은 이것이 유일하다고 봅니다. 과학자인 저자가 '보카팟 ABC'를 만들었고 과학자의 습성으로 2년에 걸쳐 그것의 실험적 확인을 하였습니다. 학습 프로그램은 실험에 1~2년의 기간을 필요로 합니다. 그 실험적 결과를 바탕으로 얻어진 과학적 확신으로 이 책을 쓰는 것입니다. 그 실험적 실증사례를 간단히 소개하면 아래와 같습니다.

영어 학원에 한 번도 다니지 않은 초등학교 4학년 학생에게 '보카팟 ABC'를 16개월 학습시켰습니다. 이 학생은 하루에 1시간 30분씩 매일 빠짐없이 '보카팟 ABC'를 학습하였습니다. 학생의 부모가 '보카팟 ABC'에 믿음을 가져 주었습니다. 그리고 학원을 보내지 않으면서 매일 학생의 학습을 격려하며 관리해 주었습니다.

보카팟 ABC의 학습 효율을 객관적으로 비교 확인하기 위하여 보카팟 ABC의 C를 마쳤을 때와 B를 마쳤을 때 YBM에서 시행하는 JET(Junior English Test)를 응시해 보라고 권하였습니다. 이 초등학교 5학년 학생은(4학년에서 5학년이 되었지요) 보카팟 ABC 학습을 시작한 지 10개월만에 JET 3급에 합격하고, 다시 6개월 뒤에 JET 2급에 합격하여 보카팟 ABC의 학습 효과를 객관적으로 확인시켜 주었습니다. JET를 주관하는 YBM에서 추천하는 학습 소요 기간은 다음과 같습니다. 3, 4급에 응시하는 학생의 추천 학습 소요 기간은 18~30개월이고, 1, 2급에 응시하는 학생의 추천 학습 소요 기간은 30개월 이상을 요구하고 있습니다. 보카팟 ABC를 16개월 학습한 뒤 30개월 이상의 학습 기간을 추천하는 JET 2급에 합격한 것입니다. 효율이 적어도 2배 이상을 보인 것을 알 수 있었습니다. 또한, 1학년부터 5학년까지 학원을 계속 다녔던 친구보다 영어를 더 자연스럽게 듣고 이해한다는 학교 원어민 선생님의 칭찬도 있었다는 것을 보면 그 효율이 높다는 것을 알 수 있습니다. 소리를 활성화시키려는 의도로 개발된 프로그램이 의도대로 작동한 것으로 보입니다.

제가 주관적으로 볼 때 이 학생은 '보카팟 ABC'로 영어를 공부하기 시작하여 16개월만에 영어의 소리가 활성화된 상태라 판단됩니다. 이것을 확인하기 위하여 몇 가지 테스트를 한 결과, 이 학생은 영어 단어, 단어뭉치, 짧은 문장으로 된 관용어를 영어로 설명하여 가르치는 원어민의 영어 강의를 듣고 이해합니다. 또한, 이 학생은 현재 유튜브의 원어민이 가르치는 영어를 공부하고 있고, 애니메이션을 자막 없이 재미있게 시청하는 상태입니다. 즉, 영어를 영어로 들으며 공부할 수 있는 초보 수준에 도달하였다는 것을 알 수 있습니다. 다만 이 학생은 읽기가 부족한 상태인데 이것은 당연한 결과입니다. 왜냐하면 보카팟 ABC는 영어의 소리를 활성화시키는 목적으로 개발된 프로그램이고, 읽기 훈련 목적은 아니기 때문입니다. JET의 점수가 1급이 아닌 2급이 된 이유도 읽기 점수가 낮게 나왔기 때문입니다. 그러나 이것은 큰 문제가 되지 않습니다.

영어의 소리를 활성화하여 듣기와 말하기를 먼저 해결한 뒤에는 글자를 읽고 해독하는 것은 자연스럽게 해소되기 때문에 이 시점에서 읽기는 문제가 되지 않습니다. 이 학생이 중학교에 진학하여 영어를 공부하게 되면 활성화된 소리를 바탕으로 읽기를 포함한 모든 영어가 자연스럽게 향상되고 축적되어 갈 것입니다.

이런 모든 이유로 초등학생은 영어의 소리를 활성화시키는 데 최적의 시기입니다. 부모님이나 선생님의 안내와 관리하에 영어 소리를 활성화시키도록 기획된 영어 학습 프로그램을 이용하여 초등학생들에게 2년 동안 영어의 소리를 활성화시키는 데 주력하는 것이 제3의 환경에서 가장 효과적으로 영어 학습의 성과를 가져오는 방법이라 할 수 있습니다.

10

영어를 알아듣고 말할 수 있는 상태가 되기 위하여 반드시 통과해야 하는 일곱 단계 과정?

이 책은 영어를 알아듣고 말할 수 있는 상태가 되는 길을 안내하고 있습니다. '영어 학습의 길은 경로함수다'라고 말할 수 있습니다. 조금 고급스런 용어인데, 경로에 따라 달라진다는 의미입니다. 어떤 경로를 선택하여 가느냐에 따라 목적지에 도착할 수도 있고, 도착 못하고 엉뚱한 곳으로 빠질 수도 있다는 것을 한마디로 말하려는 용어입니다.

이제 이 책이 안내하려고 하는 전체 길을 한 장의 그림으로 요약해 봅시다. 영어 원어민이든 외국어로 영어를 습득하였든 관계없이 영어를 듣고 말하는 사람은 누구나 아래 그림의 영어를 알아듣고 말하는 상태에 이르는 7단계 과정을 통과하면서 듣고 말할 수 있게 됩니다.

첫 단계로, 영어를 처음 배우기 시작하는 원어민의 유아들이나 영어를 외국어로 처음 배우기 시작하는 사람들은 영어의 어떤 정보도 없는 공백상태에서 시작하게 됩니다.

두 번째는, 몇 년에 걸쳐서 진행되는 영어의 소리를 뇌 속에 기억시키면서 소리를 활성화시키고 동기화시키는 훈련과정을 반드시 거쳐야

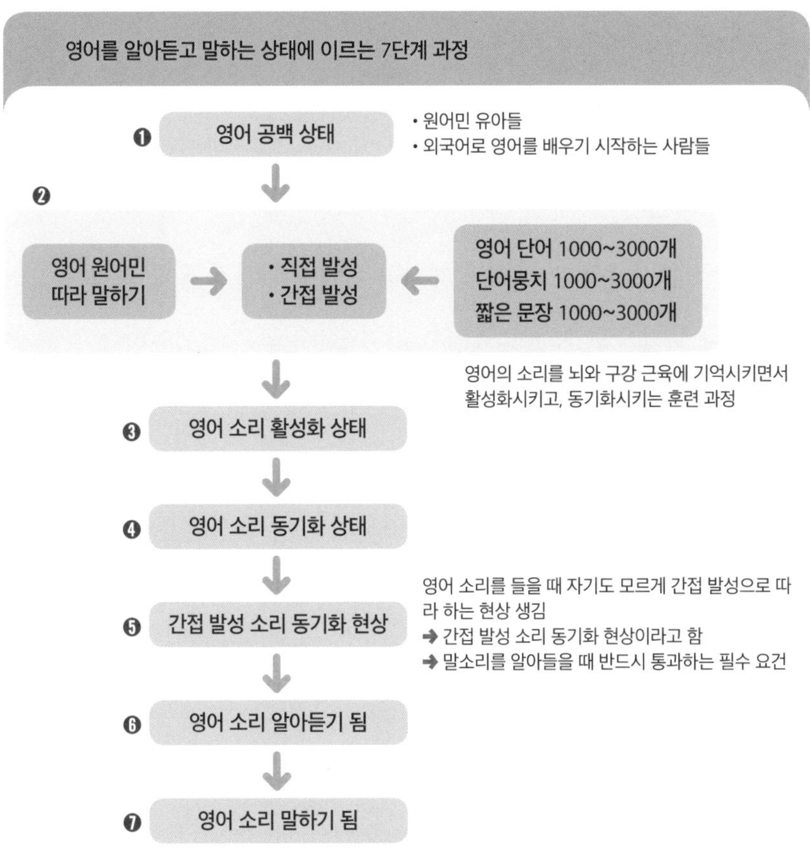

그림 49 영어를 알아듣고 말할 수 있는 상태에 이르는 7단계 과정

합니다. 이 훈련과정은 원어민 유아들이나 영어를 외국어로 배우는 사람들이나 예외 없이 모두 거쳐야 하는 과정입니다.

다만 영어라는 언어를 습득하는 환경에 따라 ❷단계 과정의 통과 방법이 달라질 뿐입니다. 원어민은 ❷단계 과정을 제1의 환경에서 통과하는 것이고, 공용어로 영어를 사용하는 사람들은 ❷단계 과정을 제2의 환경에서 통과하는 것이고, 우리나라와 같이 영어가 외국어이고 주변에 영어 소리가 없는 제3의 환경에서는 ❷단계 과정을 이 책에서 제시하는 방법으로 통과하는 것이 최선에 가장 가까운 통과 방법이라는 것을 말하려는 것입니다.

제3의 환경에서는 이 책이 제시하는 ❷단계 과정 통과 방법이 최소의 시간과 노력으로 최대의 효과를 가져 올 수 있는 방법이라는 것을 말하고 있습니다. 또한 그렇게 하면 반드시 목표 지점에 도착한다는 것을 말하고 있습니다. 만약에 제3의 환경에서 ❷단계 과정을 통과할 때 이 책이 제시하는 방법 밖의 종래에 내려오던 글자 중심의 길을 택하여 가게 되면 목적지에 도착할 수 없다는 것을 또한 말하고 있습니다. 그렇게 종래의 길로 가면 아무리 많은 시간과 노력을 쏟았더라도 영어를 들을 수 없고 말할 수 없게 된다는 것을 말하고 있습니다.

세 번째는, 두 번째 훈련과정을 충실히 성공적으로 지나게 되면 영어의 소리가 활성화된 임계상태를 만나고 통과하게 됩니다.

네 번째는, 영어의 소리가 활성화된 상태에서 바깥에서 무작위로 들어오는 영어의 단어, 단어뭉치, 짧은 문장에 대한 소리들을 자신의 뇌 속에 기억되고 활성화되어 있는 것들과 동기화시켜 그 의미를 알아내는 영어 소리 동기화 상태를 지나게 됩니다.

다섯 번째는, ❺의 간접 발성 소리 동기화 현상을 만나고 지나게 됩니다. 이 현상은 참으로 놀라운 현상입니다. 많은 시간 동안 영어의 소리를 따라 소리 내는 두 번째 과정의 훈련을 충실히 한 사람에게만 일어날 수 있는 축복의 현상입니다. 이것은 끊임없는 따라 소리 내기 훈련 끝에 어느 날 자기도 모르게 일어나는 현상입니다. 외부의 소리를 개인의 뇌 속에 기억되어 있는 정보와 동기화시켜 자신의 정보로 변환하여 이해하는 과정입니다.

모국어든 외국어든 관계없이 인간이 언어를 습득하는 과정에는 반드시 지나가야 하는 지점입니다. 어떤 언어이든 모국어를 사용하는 사람은 모국어에 대한 이 지점을 유아 시절에 통과하면서 소리를 동기화시켰기 때문에 이 현상을 자각하지 못하고 말을 곧바로 알아들을 수 있습니다.

한국어를 예로 들어볼까요? 우리들은 한국어 소리를 들을 때 간접 발성으로 따라 소리 내면서 그 뜻을 알아듣고 있다고 생각하지 않습니다. 한국어를 모국어로 배우던 유아 시절에 이미 이 현상을 통과하였기 때문입니다. 기억하지 못하는 것이지요. 지금은 이미 완전히 동기화되어 알고 있는 소리들은 간접 발성을 거치지 않고 곧바로 알아듣게 됩니다. 단어들의 소리 파동이 하나의 점처럼 압축되어 점들이 반짝거리며 동기화되면서 알아듣는 것으로 비유할 수 있습니다. 그렇지만 잘 안 들리거나 처음 듣는 사투리 같은 한국어 소리는 간접 발성으로 흉내 내보면서 그 말이 무슨 소리인지 파악하려고 합니다. 귀에 익지 않은 낯선 단어 소리들의 소리 파동이 점처럼 압축되어 있지 않은 상태이므로 파동을 펼쳐놓은 듯이 있는 그대로 따라 소리 내보며 자신의 뇌 속에 저장된 것과 동기화시켜보며 파악해 보려는 것입니다. 바로 이런 현상을 말하는 것입니다.

그렇듯 영어를 배워가는 사람은 이 지점을 통과하는 일정 기간 동안에는 스스로 자각하면서 이런 현상을 느낄 수 있습니다. 외부에서 들려오는 영어의 소리를 간접 발성으로 자신의 소리로 뇌 속에서 필터링하고 있는 것을 자각할 수 있습니다. 이 상태는 앞의 ❷단계 과정을 충실히 훈련한 사람에게만 주어지는 노력에 대한 보상 같은 현상입니다.

이 다섯 번째 간접 발성 소리 동기화 상태에 도달한 사람은 다양한 영어의 소리를 자신의 수준에서 거르면서 알아들을 수 있는 필터를 뇌에 장착하게 된 것입니다. 영어의 소리를 알아듣고 말할 수 있는 칩을 뇌에 장착한 것이지요. 이제부터 필터를 점점 더 세밀하고 정교하게 다듬어 가면서 자신의 영어 수준을 높여 가는 과정이 남았습니다.

이 간접 발성 소리 동기화 상태를 지나면 우리들의 최종 목적지인 영어의 소리를 알아듣고, 말하게 되는 여섯 번째와 일곱 번째 단계에 마침내 이르게 됩니다.

이 일곱 단계 과정은 소리로 된 언어를 사용하는 인간이 언어를 습득하여 사용하는 데까지의 과정을 일반화시켜 구분해 본 것이라고도 할 수 있습니다. 영어, 한국어, 일본어, 중국어, 프랑스어, 독일어, 스페인어 모두 예외 없습니다.

저는 우리나라 중학생, 고등학생, 대학생 모두가 ❺단계 간접 발성 소리 동기화 현상의 놀라운 경험을 할 수 있기를 희망합니다. 초등학교 시절 2~3년 동안 위 그림 ❷단계 과정 훈련을 이 책에서 제시하는 프로그램 교재와 방법으로 훈련한다면 경험할 수 있는 현상입니다. 그리하여 우리나라에서 영어가 더 이상 어린 시절 부모를 따라 해외에 체류하는 혜택을 받았던 사람들이나 어른이 되면서 유사한 혜택을 받은 사람들만 가질 수 있는 특권이 아닌 우리 모두의 보편적인 능력이 되기를 희망하며 이 책을 마칩니다.

참조

참조 1 미국 드라마 프렌즈/MIT 낸시 캔위샤 교수 강의 단어, 문장 개수 분석표

미국 드라마 프렌즈(Friends)의 시즌 1(1~24화)과 시즌 2에 나오는 단어와 문장 개수를 분석한 표								
시즌 구분	에피소드	① 분량(분)	② 문장 개수	③ 단어 개수 (중복 포함)	④ 단어 개수/문장	⑤ 단어 개수 (중복 제외)	⑦ 기본 단어 수 (사용빈도 %)	
프렌즈 시즌 1	1	22분	761	4107	5	1023	676	66%
	2	22분	627	2894	5	808	555	69%
	3	22분	605	2962	5	812	545	67%
	4	22분	612	3130	5	876	581	66%
	5	22분	520	3148	6	807	572	71%
	6	22분	662	2921	4	817	571	70%
	7	22분	693	2958	4	802	550	69%
	8	22분	583	2676	5	770	519	67%
	9	22분	442	2888	7	807	551	68%
	10	22분	526	3144	6	858	593	69%
	11	22분	650	3362	5	860	581	68%
	12	22분	526	3144	6	838	549	66%
	13	22분	580	3006	5	781	526	67%
	14	22분	490	2725	6	731	489	67%
	15	22분	796	3243	4	902	601	67%
	16	22분	759	4091	5	1184	708	60%
	17	22분	796	4626	6	1192	738	62%
	18	22분	781	3156	4	805	531	66%
	19	22분	628	3321	5	849	594	70%
	20	22분	717	3092	4	758	529	70%
	21	22분	524	2773	5	778	548	70%
	22	22분	608	3019	5	737	532	72%
	23	22분	619	3446	6	812	586	72%
	24	22분	810	3338	4	841	592	70%
시즌 1 평균			638	3215	5	852	576	68%
시즌 1		9시간	15344	78901	5	6198	기본 단어 3000개의 60~70%가 매회 사용됨.	
시즌 2		9시간	11288	74387	7	5428		
시즌 1 + 시즌 2		18시간	26632	153926	5	8758		
프렌즈 시즌 1, 시즌 2와 캔위샤 교수 대학강의에 공통으로 나온 단어 수 = 기본 단어 수						⑥ 2900≒3000		

참조 1-1 미국 드라마 프렌즈 시즌 1과 시즌 2의 단어, 문장 개수 분석표

미국 드라마 프렌즈(Friends)의 시즌 1과 시즌 10 단어와 문장 개수를 분석한 표						
시즌 구분	시즌	① 방영 시간	② 문장 개수	③ 단어 개수 (중복 포함)	④ 단어 개수/ 문장	⑤ 단어 개수 (중복 제외)
프렌즈	시즌 1	9시간	15344	78901	5	6198
	시즌 2	9시간	11288	74387	7	5428
	시즌 3	9시간	13510	90766	7	5727
	시즌 4	9시간	15358	98064	6	5732
	시즌 5	9시간	14095	88340	6	5492
	시즌 6	9시간	14306	95353	7	5673
	시즌 7	9시간	14310	95010	7	6013
	시즌 8	9시간	13506	86673	6	5676
	시즌 9	9시간	16077	90325	6	6266
	시즌 10	9시간	12809	70533	6	4937
시즌 평균		9시간	14060	86835	6	5714
프렌즈 시즌 1~10		90시간	140606	869156	6	21098

참조 1-2 미국 드라마 프렌즈 시즌1~10의 단어, 문장 개수 분석표

MITOCW|17 Le ctures on The Human Brain(인간의 뇌에 대한 강의 17 꼭지) 2019년 봄 학기에 강의된 MIT 낸시 캔위샤(NANCY KANWISHER)교수 강의에 나오는 단어와 문장 개수를 분석한 표								
순번	강의 번호	① 분량(시간)	② 문장 개수	③ 단어 개수 (중복 포함)	④ 단어 개수/ 문장	⑤ 단어 개수 (중복 제외)	⑦ 기본 단어 수 (사용빈도 %)	
1	1	79분	1143	13705	12	1809	1158	64%
2	2	50분	796	8566	11	1262	842	67%
3	4	60분	832	11065	13	1461	972	67%
4	5	71분	918	11570	13	1477	930	63%
5	6	56분	725	9629	13	1396	928	66%
6	7	69분	1131	11742	10	1452	898	62%
7	8	83분	1032	13542	13	1613	976	61%
8	9	71분	837	12348	15	1488	945	64%
9	10	81분	960	13689	14	1670	1047	63%
10	11	77분	1008	12626	13	1584	953	60%
11	13	70분	1143	11281	10	1503	951	63%
12	15	68분	979	12646	13	1543	962	62%
13	16	72분	910	11380	13	1671	989	59%
14	18	68분	967	11306	12	1603	1018	64%
15	20	76분	871	11638	13	1446	938	65%
16	21	83분	1084	14121	13	1694	1002	59%
17	24	56분	1004	9619	10	1359	903	66%
강의 평균값(1회당)		70분	961	11793	12	1531	965	63%
강의 총계		20시간	16340	200473	12	7277	기본 단어 3000개의 60~70%가 매회 강의에서 사용됨.	
프렌즈 시즌 1, 시즌 2와 캔위샤 교수 대학강의에 공통으로 나온 단어 수 = 기본 단어 수						⑥ 2900≒3000		

참조 1-3 MIT 낸시 캔위샤 교수 강의의 단어, 문장 개수 분석표

참조 2 사진 출처 및 퍼즐 퀴즈 사이트

From Wikimedia Commons, the free media repository
https://commons.wikimedia.org/wiki/File:Egeskov_Slot_spejling_Edit_2.jpg
https://im-a-puzzle.com

참조 3 인용 출처

'뇌 속에 팍 꽂히는 소리단어 보카팟(최종근 저, 북스힐 출판)' 44쪽 '인간의 뇌는 이미지로 무엇을 만들까?'

'뇌 속에 팍 꽂히는 소리단어 보카팟(최종근 저, 북스힐 출판)' 47쪽 '뇌 속에 기억되는 단어의 모습'

'뇌 속에 팍 꽂히는 소리단어 보카팟(최종근 저, 북스힐 출판)' 57쪽 '영어의 습득 과정(영어 네트워크 동체, 외국어 학습 네트워크 동체 모델)'

'뇌 속에 팍 꽂히는 소리단어 보카팟(최종근 저, 북스힐 출판)' 119쪽 '왜 영어의 발음 기호에서 벗어나야 할까?'

참조 4 인용 출처

Shinya Fujii and CatherineY.Wan(2014) The role of rhythm in speech and language rehabilitation: the SEP hypothesis. Frontiers in Human Neuroscience 8:777.doi:10.3389/fnhum.2014.00777

Drullman R (January 1995). "Temporal envelope and fine structure cues for speech intelligibility". The Journal of the Acoustical Society of America. 97 (1): 585-92 1995ASAJ...97..585D. doi:10.1121/1.413112. PMID 7860835.

Sonja A. Kotz and Michael Schwartze(2010) Cortical speech processing unplugged : a timely subcortico-cortical framework. Max Planck Institute for Human Cognitive and Brain Sciences, IRG "Neurocognition of Rhythm in Communication", 14, 392-399.doi:10.1016/j.tics.2010.06.005

Aniruddh D. Patel(2011) Why would musical training benefit the neural encoding of speech? The OPERA hypothesis. Frontiers in Psychology 2:142.doi:10.3389/fpsyg.2011.00142

Jonathan E. Peelle and Matthew H. Davis(2012) Neural oscillations carry speech rhythm through to comprehension. Frontiers in Psychology 3:320.doi:10.3389/fpsyg.2012.00320

참조 5 인용 출처

Speech naturalness detection and language representation in the dog brain, Laura V. Cuaya 외, NeuroImage, 2022

참조 6 낸시 캔위샤 교수 강의에서 말의 속도(1초당 말한 단어 수)

참조 6-1은 미국 MIT(매사츄세츠 공과 대학)에서 인지과학분야에 대해 대학생들에게 강의한 내용을 누구나 시청할 수 있도록 공개한 온라인 공개 강좌 안내입니다. 여러 강좌가 있지만 그중 2019년 봄학기에 있었던 낸시 캔위샤(Nancy Kanwisher) 교수의 인간의 뇌(The Human Brain)라는 강좌 안내입니다. 강의는 한 꼭지가

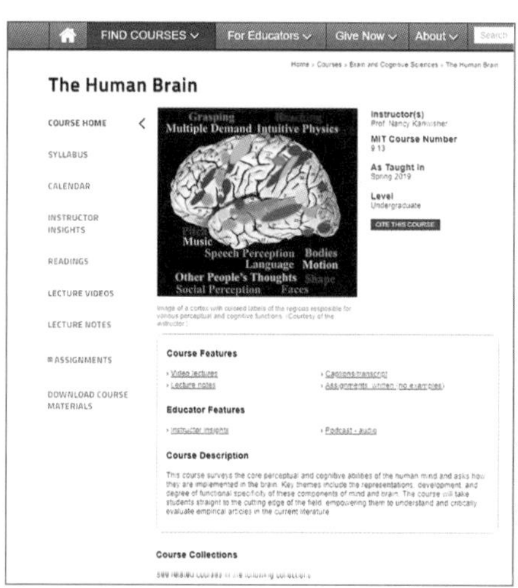

참조 6-1 MITOCW The Human Brain (Spring 2019) by Nancy Kanwisher

1시간에서 1시간 20분 사이로 이루어지는데 2019년 봄학기에 총 17꼭지의 강의가 공개되었습니다. 이 17꼭지 한 학기 강의에서 말의 속도를 분석한 것이 참조 6-2에 보인 표입니다.

참조 6-2를 보시면 아시겠지만 모든 강의에서 1초당 말한 단어 수가 2~3단어로 똑같습니다. 캔위샤 교수는 강의할 때 정확하게 1초에 2~3단어를 발성합니다. 한 단어를 발성하는 데 0.3초 걸립니다. 모든 강의 꼭지에서 똑같다는 것을 알 수 있습니다. 이것은 강의 도중에 약간의 쉼 구간까지 모두 포함된 속도입니다. 실제로 순수하게 말하는 순 시간과 단어의 수를 계산하면 이보다 빠른 속도를 갖습니다. 연음과 묵음 같은 현상 때문인데, 영화나 드라마에서 편집을 통하여 순수하게 말하는 시간과 단어 개수를 분석하면 1초에 5단어 정도를 말합니다. 그러므로 10개 남짓한 영화 대사의 짧은 문장의 말은 2~3초 안에 끝납니다. 거의 모든 사람들의 발성 속도는 이 영역에 들어옵니다.

MITOCW | 17 Lectures on The Human Brain As taught in spring 2019 by NANCY KANWISHER					
순번	강의 번호	강의 시간(분)	말한 단어 수	1분당 말한 단어 수	1초당 말한 단어 수
1	1	79	13747	174	2.9
2	2	50	8606	172	2.9
3	4	60	11167	186	3.1
4	5	71	11684	165	2.7
5	6	56	9718	174	2.9
6	7	69	11858	172	2.9
7	8	83	13639	164	2.7
8	9	71	12396	175	2.9
9	10	81	14102	174	2.9
10	11	77	12674	165	2.7
11	13	70	11353	162	2.7
12	15	68	12729	187	3.1
13	16	72	11469	159	2.7
14	18	68	11372	167	2.8
15	20	76	11756	155	2.6
16	21	83	14207	171	2.9
17	24	56	9672	173	2.9
총합계/평균		1190분	202149단어	170	2.8
		20시간	20만 단어	1분당 170단어	1초당 3단어
20시간 강의에 20만 단어를 사용하여 말함: 1분에 170단어=1초에 3단어 말함					

참조 6-2 MIT 인지과학분야 낸시 캔위샤 교수 강의 말의 속도 분석